Escala Auxiliar Administrativa de la Universidad Complutense de Madrid

Enero 2026

Escala Auxiliar Administrativa

UNIVERSIDAD COMPLUTENSE DE MADRID

Si aún no dispones de tu **Curso MAD360**, te ofrecemos un acceso GRATIS de 30 días para que disfrutes de los siguientes recursos:

- Técnicas de Memoria 360.
- MADTEST: Test *online* Nivel PRO.
- Temario en formato digital.
- Vídeos y esquemas.
- Planificación de estudio.
- Foro entre opositores hasta la fecha del examen.*
- Recursos y novedades exclusivas.
- Consúltanos sobre tu oposición y proceso selectivo.
- Actualizaciones legislativas (Boletines Oficiales) hasta 60 días antes de la fecha del examen.*

Para acceder a esta prueba del Curso MAD360** será necesaria la compra de todos los libros para esta especialidad de la edición 2025.

Regístrate en **mad.es/iniciar-sesion** y en la pestaña MIS CURSOS valida los códigos que encuentras en la última página de tus libros.

NOTA IMPORTANTE:

* Examen de esta categoría profesional correspondiente a la convocatoria publicada en el BOCM n.º 288, de 3 de diciembre de 2025, o hasta el 31 de enero de 2027, lo que se cumpla antes, y previa renovación del servicio.

** El acceso al CURSO MAD360 estará disponible desde enero de 2026 (algunos recursos podrían estar disponibles en fecha posterior). Tendrá una duración de 30 días RENOVABLES mediante pago, desde la validación de códigos, o hasta el 31 de julio de 2027, lo que se cumpla antes.

MAD se reserva el derecho a ampliar dichas fechas.

Escala Auxiliar Administrativa de la Universidad Complutense de Madrid

Test del
Temario

Autores

ELENA GARCÍA FERNÁNDEZ
LICENCIADA EN DERECHO

FRANCISCO JESÚS TORRES FONSECA
LICENCIADO EN DERECHO

© 7 Editores Recursos para la Cualificación Profesional y el Empleo, S.L. (7 Editores)
© Los autores
Primera edición, enero 2026 (100 páginas)
Derechos de edición reservados a favor de 7 Editores
IMPRESO EN ESPAÑA
Diseño Portada: 7 Editores
Edita: 7 Editores
Avda. San Francisco Javier, 9 · Edificio Sevilla 2 · Planta 11 · Módulos 25-27 · 41018 Sevilla
Teléfono: 954 784 411 · WEB: www.mad.es · e-mail: administracion@7editores.com
ISBN: 979-13-702-8423-7
© "Editorial Mad" y "Eduforma" son nombres comerciales registrados de
7 Editores Recursos para la Cualificación Profesional y el Empleo, S.L.

Presentación

Presentamos nuestro manual de test para la adecuada preparación del programa establecido en la convocatoria del proceso selectivo para el ingreso, por el sistema general de acceso libre, en la Escala Auxiliar Administrativa de la Universidad Complutense de Madrid, publicada en el BOCM núm. 288, de 3 de diciembre de 2025.

Contiene preguntas de todos los temas, actualizadas y adaptadas a las novedades que les afectan. Además, para una adecuada preparación de la materia, en el Curso MAD360 tienes más preguntas de todos los temas con las que favorecer tu autoevaluación y la comprobación de los conocimientos adquiridos.

El programa se desarrolla en dos volúmenes de temario, donde se tratan convenientemente cada uno de los temas de dicho programa.

Finalmente, en dicho Curso MAD360 tienes todos los recursos necesarios para llevar tu preparación al siguiente nivel; consulta las condiciones en la primera página de tu manual.

Índice

Test n.º 1. La Constitución Española de 1978: Título Preliminar. Título I. Los derechos y deberes fundamentales. Título II. La Corona. Título IX. El Tribunal Constitucional. Título X. La reforma constitucional 11

Test n.º 2. Ley 39/2015, de 1 de octubre, del Procedimiento Administrativo Común de las Administraciones Públicas (I): Título III. Los actos administrativos: Requisitos. Eficacia. Nulidad y anulabilidad. Título V. Revisión de los actos en vía administrativa: Revisión de oficio. Recursos administrativos.... 17

Test n.º 3. Ley 39/2015, de 1 de octubre, del Procedimiento Administrativo Común de las Administraciones Públicas (II): Título IV. Las disposiciones sobre el procedimiento administrativo común: Garantías del procedimiento. Iniciación. Ordenación. Instrucción. Finalización 23

Test n.º 4. Real Decreto Legislativo 5/2015, de 30 de octubre, por el que se aprueba el texto refundido de la Ley del Estatuto Básico del Empleado Público: Título II. Personal al servicio de las Administraciones Públicas. Título III. Derechos y deberes. Código de conducta de los empleados públicos. Título IV. Adquisición y pérdida de la relación de servicio. Título VI. Situaciones administrativas. Título VII. Régimen disciplinario 31

Test n.º 5. Ley Orgánica 2/2023, de 22 de marzo, del Sistema Universitario (I): Título I. Funciones del sistema universitario y autonomía de las Universidades. Título II. Creación y reconocimiento de las Universidades y calidad del sistema universitario. Título III. Organización de enseñanzas y títulos. Título IV. Investigación y transferencia e intercambio del conocimiento e innovación. Título VIII. El estudiantado en el Sistema Universitario. Título VII. Internacionalización del sistema universitario 39

Test n.º 6. Ley Orgánica 2/2023, de 22 de marzo, del Sistema Universitario (II): Título IX. Régimen específico de las universidades públicas. Capítulo I. Régimen jurídico y estructura de las universidades públicas. Capítulo II. Gobernanza de las universidades públicas. Capítulo III. Régimen económico y financiero de las universidades públicas. Capítulo IV. Personal docente e investigador de las universidades públicas. Capítulo V. Personal técnico, de gestión y de administración y servicios 45

Test n.º 7. Decreto 32/2017, de 21 de marzo, del Consejo de Gobierno, por el que se aprueban los Estatutos de la Universidad Complutense de Madrid (I): Título Preliminar. Disposiciones generales. Título I. Régimen jurídico de la UCM. Título II. Estructura de la Universidad. Título III. Gobierno y Representación en la UCM...... 51

Test n.º 8. Decreto 32/2017, de 21 de marzo, del Consejo de Gobierno, por el que se aprueban los Estatutos de la Universidad Complutense de Madrid (II): Título VI. Los Estudiantes de la UCM. Título VII. El Personal de Administración y Servicios. Título VIII. El/la Defensor/a Universitario. Título X. Las Enseñanzas e Investigación en la Universidad. Título XII. El Régimen Económico y Financiero de la UCM. Título XIII. Los Servicios de la UCM.............................. 59

Test n.º 9. Ley 31/1995, de 8 de noviembre, de Prevención de Riesgos Laborales: Capítulo I. Objeto, ámbito de aplicación y definiciones. Capítulo II. Política en materia de prevención de riesgos para proteger la seguridad y la salud en el trabajo. Capítulo III. Derechos y Obligaciones. Capítulo V. Consulta y participación de los trabajadores.. 67

Test n.º 10. Ley 19/2013, de 9 de diciembre, de transparencia, acceso a la información pública y buen gobierno: Título Preliminar: Objeto. Título I. Transparencia de la actividad pública: Capítulo I: Ámbito subjetivo de aplicación. Capítulo II. Publicidad activa. Capítulo III. Derecho de acceso a la información pública. Título III. El Consejo de Transparencia y Buen Gobierno............. 75

Test n.º 11. Ley Orgánica 3/2007, de 22 de marzo, para la igualdad efectiva de mujeres y hombres. Título I. El principio de igualdad y la tutela contra la discriminación. Título II. Políticas públicas para la igualdad. Título V. El principio de igualdad en el empleo público.. 83

Test n.º 12. Ley Orgánica 3/2018, de 5 de diciembre, de Protección de Datos Personales y garantía de los derechos digitales. Título I. Disposiciones Generales. Título II. Principios de protección de datos. Título III. Derechos de las personas.. 91

TEST N.º 1

La Constitución Española de 1978: Título Preliminar. Título I. Los derechos y deberes fundamentales. Título II. La Corona. Título IX. El Tribunal Constitucional. Título X. La reforma constitucional

1. ¿En qué se fundamenta la Constitución Española?

a) En un Estado social y democrático de Derecho.
b) En la indisoluble unidad de la Nación española.
c) En la independencia de los poderes del Estado.
d) En la organización territorial del Estado.

2. Según el artículo 3 de la CE, el castellano es la lengua oficial del Estado y todos los Españoles:

a) Tienen el deber de usar y el derecho de conocer el castellano.
b) Tienen el derecho y el deber de conocer el castellano.
c) Tienen el deber de conocer y el derecho de usar el castellano.
d) Tienen el derecho de conocer y usar el castellano.

3. La Constitución Española reconoce y garantiza el derecho a la autonomía:

a) De las nacionalidades que la integran.
b) De las regiones que la integran.
c) De las Comunidades Autónomas que la integran.
d) De las nacionalidades y regiones que la integran.

4. El Preámbulo de la Constitución:

a) Tiene en sí carácter de norma jurídica.
b) Es una declaración de intenciones, destinada a interpretar lo que se quiere alcanzar con el contenido normativo de la Constitución.
c) Se trata de un texto sin fuerza jurídica de obligar.
d) Las respuestas b) y c) son correctas.

5. Señala la afirmación correcta, respecto de la aprobación, ratificación y publicación de la Constitución Española:

a) Aprobada por las Cortes el 31 de octubre de 1978, ratificada por el pueblo en referéndum el 6 de diciembre de 1978 y publicada el 29 de diciembre de 1978.
b) Aprobada por las Cortes el 30 de octubre de 1978, ratificada por el pueblo en referéndum el 16 de diciembre de 1978 y publicada el 27 de diciembre de 1978.
c) Aprobada por las Cortes el 31 de octubre de 1978, ratificada por el pueblo en referéndum el 16 de diciembre de 1978 y publicada el 29 de diciembre de 1978.
d) Aprobada por las Cortes el 10 de octubre de 1978, ratificada por el pueblo en referéndum el 26 de diciembre de 1978 y publicada el 30 de diciembre de 1978.

6. ¿En qué parte de la Carta Magna se establece la exposición de motivos que impulsan la norma constitucional y los objetivos que con ella se pretenden alcanzar?

a) En el Título preliminar.
b) En el Preámbulo.
c) En el Título I.
d) En el Título II.

7. La Constitución Española fue sancionada por:

a) El Rey.
b) El Presidente del Congreso.
c) Las Cortes Generales.
d) El Presidente del Gobierno.

8. ¿Cuáles de los siguientes españoles de origen pueden ser privados de su nacionalidad?

a) Exclusivamente los miembros de grupos terroristas.
b) Los miembros de grupos terroristas y los que atenten contra el Rey u otro miembro de la Casa Real.
c) Los que atenten contra un miembro de la Familia Real o del Gobierno de la Nación.
d) Ningún español de origen podrá ser privado de su nacionalidad.

9. Según la CE son fundamentos del orden político y la paz social:

a) La dignidad de la persona, los derechos violables que les son inherentes y el respeto a la ley.
b) La dignidad de la persona, el desarrollo limitado de la personalidad y el respeto a la ley.
c) El respeto a la ley, a los reglamentos administrativos y demás disposiciones legales.
d) La dignidad de la persona, los derechos inviolables que le son inherentes, el libre desarrollo de su personalidad, el respeto a la ley y a los derechos de los demás.

10. ¿Cuál de los siguientes es considerado por la CE como uno de los valores superiores del ordenamiento jurídico?

a) La jerarquía normativa.
b) El pluralismo político.

c) La publicidad normativa.
d) La equidad.

11. La forma política del Estado español es:

a) Democracia parlamentaria.
b) Gobierno parlamentario.
c) Monarquía parlamentaria.
d) República democrática.

12. La parte de la CE que regula la estructura de los principales órganos del Estado recibe el nombre de:

a) Parte dogmática.
b) Parte orgánica.
c) Parte estatal.
d) Parte estructural.

13. Según la CE, la soberanía nacional:

a) Corresponde a las Cortes Generales, al estar compuestas por los representantes del pueblo.
b) Corresponde al Rey.
c) Reside en el pueblo español.
d) Corresponde al Gobierno de la Nación elegido directamente por el pueblo.

14. El derecho a la propiedad según nuestra Constitución es un Derecho:

a) Inherente a la condición humana.
b) Absoluto.
c) Limitado por la función social de la misma.
d) Ninguna de las respuestas anteriores es correcta.

15. ¿En qué parte de la Carta Magna se señalan los valores superiores del ordenamiento jurídico?

a) En el Preámbulo.
b) En el Título Preliminar.
c) En el Título I.
d) Ninguna respuesta es correcta.

16. Todos los españoles, respecto al castellano, tienen el:

a) Derecho-deber de conocerlo.
b) Derecho de usar y deber de conocerlo.
c) Derecho-deber de usarlo.
d) Nada de lo anterior.

17. La capital del Estado en España es:

a) La propia de cada Comunidad Autónoma.
b) La villa de Madrid.
c) Aquella donde se establezca en cada momento el Gobierno de la Nación.
d) Aquella en la que resida generalmente el Rey.

18. El pluralismo político, para nuestra Constitución, es un/una:

a) Principio General del ordenamiento político.
b) Valor superior del ordenamiento jurídico.
c) Principio rector de la política social y económica.
d) Derecho fundamental.

19. La forma política del Estado español es:

a) Unitaria y regionalizada.
b) Federal.
c) La Monarquía Parlamentaria.
d) La propia de un Estado Social y Democrático.

20. La justicia, según nuestra Constitución, es un/una:

a) Principio de nuestro ordenamiento jurídico.
b) Valor superior del anterior.
c) Manifestación del Estado democrático.
d) Todo lo anterior.

En MADTEST tienes **más preguntas de este tema**, y todos tus avances quedan registrados y se reflejan en el ranking.

¡Supera tus límites con MADTEST!

Solución al test n.º 1

1. b) En la indisoluble unidad de la Nación española.

2. c) Tienen el deber de conocer y el derecho de usar el castellano.

3. d) De las nacionalidades y regiones que la integran.

4. d) Las respuestas b) y c) son correctas.

5. a) Aprobada por las Cortes el 31 de octubre de 1978, ratificada por el pueblo en referéndum el 6 de diciembre de 1978 y publicada el 29 de diciembre de 1978.

6. b) En el Preámbulo.

7. a) El Rey.

8. d) Ningún español de origen podrá ser privado de su nacionalidad.

9. d) La dignidad de la persona, los derechos inviolables que le son inherentes, el libre desarrollo de su personalidad, el respeto a la ley y a los derechos de los demás.

10. b) El pluralismo político.

11. c) Monarquía parlamentaria.

12. b) Parte orgánica.

13. c) Reside en el pueblo español.

14. c) Limitado por la función social de la misma.

15. b) En el Título Preliminar.

16. b) Derecho de usar y deber de conocerlo.

17. b) La villa de Madrid.

18. b) Valor superior del ordenamiento jurídico.

19. c) La Monarquía Parlamentaria.

20. b) Valor superior del anterior.

TEST N.º 2

Ley 39/2015, de 1 de octubre, del Procedimiento Administrativo Común de las Administraciones Públicas (I): Título III. Los actos administrativos: Requisitos. Eficacia. Nulidad y anulabilidad. Título V. Revisión de los actos en vía administrativa: Revisión de oficio. Recursos administrativos

1. Los actos deben motivarse:

a) Siempre.
b) Nunca.
c) Cuando decidan un procedimiento.
d) Cuando la ley lo prescriba.

2. No tienen por qué motivarse los actos que:

a) Resuelvan recursos.
b) Limiten derechos subjetivos.
c) Se separen del dictamen de órganos consultivos.
d) Todos los anteriores deben motivarse.

3. En la notificación de todo acto administrativo no es necesario que conste siempre:

a) Su texto íntegro.
b) Los recursos que contra el mismo procedan.
c) Los motivos en que se basa la decisión.
d) El plazo de interposición de los recursos.

4. ¿En qué supuestos la notificación se hará por medio de un anuncio publicado en el Boletín Oficial del Estado?

a) Cuando se ignore el lugar de la notificación.
b) Cuando los interesados en un procedimiento sean conocidos.
c) Cuando intentada la notificación, no se hubiera podido practicar.
d) Las respuestas a) y c) son correctas.

5. Para que un acto tenga eficacia retroactiva es necesario que:

a) Limite derechos de los particulares.
b) Restrinja el ejercicio de facultades de los particulares.
c) Imponga deberes u obligaciones.
d) No se lesionen derechos de otras personas.

6. La presunción de legitimidad de los actos administrativos:

a) No admite prueba en contrario.
b) Dependerá de lo que el propio acto establezca.
c) Puede ser objeto de impugnación por el particular.
d) Solo se da cuando la ley expresamente lo diga.

7. Cuando la notificación se practique en el domicilio del interesado, de no hallarse presente, podrá hacerse cargo de la misma cualquier persona que se encuentre en el domicilio, haga constar su identidad y sea:

a) Mayor de catorce años.
b) Mayor de dieciséis años.
c) Mayor de dieciocho años.
d) Mayor de veintiún años.

8. Cuando el Delegado Provincial de una Consejería de una Comunidad Autónoma de una Provincia concreta resuelve un recurso administrativo en materia propia de la Delegación Provincial de otra Consejería de distinta Provincia, incurre en una incompetencia:

a) Funcional y jerárquica.
b) Territorial y jerárquica.
c) Funcional y territorial.
d) Territorial exclusivamente.

9. Cuando el acto administrativo presenta un vicio que no le hace incurrir en nulidad absoluta ni en anulabilidad, se considera:

a) Irregular.
b) Defectuoso.
c) Inválido.
d) Viciado.

10. Cuando la notificación por medios electrónicos sea de carácter obligatorio, se entenderá rechazada cuando:

a) Hayan transcurrido veinte días naturales desde la puesta a disposición de la notificación sin que se acceda a su contenido.
b) Hayan transcurrido diez días naturales desde la puesta a disposición de la notificación sin que se acceda a su contenido.

c) Hayan transcurrido diez días hábiles desde la puesta a disposición de la notificación sin que se acceda a su contenido.

d) Hayan transcurrido veinte días hábiles desde la puesta a disposición de la notificación sin que se acceda a su contenido.

11. Señala la respuesta incorrecta. Los actos administrativos serán objeto de publicación:

a) Cuando así lo establezcan las normas reguladoras de cada procedimiento.
b) Cuando lo aconsejen razones de interés público apreciadas por el órgano competente.
c) Cuando el acto tenga por destinatario a una pluralidad indeterminada de personas.
d) Siempre.

12. La notificación de un acto administrativo:

a) Suspende su eficacia hasta que se efectúe tratándose de actos generales.
b) No impide su ejecutividad una vez efectuada.
c) Suspende su eficacia una vez realizada.
d) Ha de hacerse con todo tipo de actos.

13. Los supuestos de nulidad absoluta de actos administrativos:

a) Son la regla general en nuestro Derecho.
b) Son los recogidos en el artículo 47 de la Ley 39/2015, de 1 de octubre, del Procedimiento Administrativo Común de las Administraciones Públicas, exclusivamente.
c) Pueden establecerse expresamente por una disposición con rango de ley.
d) Son solo los del artículo 47 citado y de otras leyes formales.

14. Los defectos formales en un acto, según reconoce expresamente la ley:

a) Lo vician con nulidad absoluta.
b) Lo vician con anulabilidad en todo caso.
c) Pueden dar lugar a la nulidad absoluta si producen indefensión.
d) Pueden dar lugar a la anulabilidad si producen indefensión.

15. La Administración Pública podrá convalidar un acto:

a) Si el vicio consiste en incompetencia jerárquica.
b) Si el vicio consiste en incompetencia funcional.
c) Si el vicio consiste en incompetencia territorial.
d) En ninguno de los anteriores casos.

16. La Administración Pública no podrá convalidar un acto si el vicio consiste en:

a) Incompetencia jerárquica.
b) La falta de una autorización.
c) Incompetencia funcional.
d) La omisión de un informe facultativo.

17. Señala la respuesta incorrecta. La eficacia del acto administrativo puede cesar definitivamente por:

a) El incumplimiento de la condición resolutoria a que pudiera estar sujeto.
b) El transcurso del plazo señalado en el acto, si estaba limitado en el tiempo.
c) La anulación o revocación del propio acto.
d) La desaparición de los presupuestos de hecho que motivaron que se dictase.

18. El procedimiento, que es la vía a través de la cual se elabora la declaración de voluntad, deseo, conocimiento o juicio de la Administración, en que consiste el acto, es un elemento del acto administrativo de tipo:

a) Objetivo.
b) Subjetivo.
c) Formal.
d) Accidental.

19. Serán motivados, con sucinta referencia de hechos y fundamentos de Derecho:

a) Los actos que se separen del criterio seguido en actuaciones precedentes o del dictamen de órganos consultivos.
b) Los actos que limiten derechos subjetivos o intereses legítimos.
c) Los actos que resuelvan procedimientos de revisión de oficio de disposiciones o actos administrativos, recursos administrativos y procedimientos de arbitraje y los que declaren su inadmisión.
d) Todas las respuestas son correctas.

20. Según pongan fin al expediente administrativo o formen parte del mismo, como una fase del mismo, sin tener carácter resolutivo, los actos administrativos se clasifican en:

a) Actos definitivos y actos de trámite.
b) Actos propios y actos impropios.
c) Actos básicos y actos de trámite.
d) Actos únicos y actos múltiples.

En MADTEST tienes **más preguntas de este tema**, y todos tus avances quedan registrados y se reflejan en el ranking.

¡Supera tus límites con MADTEST!

Solución al test n.º 2

1. d) Cuando la ley lo prescriba.

2. d) Todos los anteriores deben motivarse.

3. c) Los motivos en que se basa la decisión.

4. d) Las respuestas a) y c) son correctas.

5. d) No se lesionen derechos de otras personas.

6. c) Puede ser objeto de impugnación por el particular.

7. a) Mayor de catorce años.

8. c) Funcional y territorial.

9. a) Irregular.

10. b) Hayan transcurrido diez días naturales desde la puesta a disposición de la notificación sin que se acceda a su contenido.

11. d) Siempre.

12. b) No impide su ejecutividad una vez efectuada.

13. c) Pueden establecerse expresamente por una disposición con rango de ley.

14. d) Pueden dar lugar a la anulabilidad si producen indefensión.

15. a) Si el vicio consiste en incompetencia jerárquica.

16. c) Incompetencia funcional.

17. a) El incumplimiento de la condición resolutoria a que pudiera estar sujeto.

18. c) Formal.

19. d) Todas las respuestas son correctas.

20. a) Actos definitivos y actos de trámite.

Ley 39/2015, de 1 de octubre, del Procedimiento Administrativo Común de las Administraciones Públicas (II): Título IV. Las disposiciones sobre el procedimiento administrativo común: Garantías del procedimiento. Iniciación. Ordenación. Instrucción. Finalización

1. Señala qué recurso cabe contra el acuerdo de acumulación de procedimientos administrativos:

a) Recurso de alzada.
b) Recurso extraordinario de revisión.
c) Recurso de reposición, en el plazo de un mes.
d) Ningún recurso.

2. ¿Cuándo se iniciarán de oficio los procedimientos?

a) Por denuncia.
b) Por acuerdo del órgano competente.
c) Por propia iniciativa.
d) Todas las respuestas son correctas.

3. Señala la respuesta incorrecta respecto al inicio del procedimiento por denuncia:

a) Las denuncias deberán expresar la identidad de la persona o personas que las presentan y el relato de los hechos que se ponen en conocimiento de la Administración.
b) La presentación de una denuncia confiere, por sí sola, la condición de interesado en el procedimiento.
c) Cuando la denuncia invocara un perjuicio en el patrimonio de las Administraciones Públicas la no iniciación del procedimiento deberá ser motivada y se notificará a los denunciantes la decisión de si se ha iniciado o no el procedimiento.
d) Se entiende por denuncia el acto por el que cualquier persona, en cumplimiento o no de una obligación legal, pone en conocimiento de un órgano administrativo la existencia de un determinado hecho que pudiera justificar la iniciación de oficio de un procedimiento administrativo.

4. ¿En qué caso se podrá imponer una sanción sin que se haya tramitado el oportuno procedimiento?

a) En casos de urgente necesidad.

b) En situaciones excepcionales, como por ejemplo, situaciones de crisis sanitarias o epidemias.

c) Las respuestas a) y b) son correctas.

d) En ningún caso.

5. ¿Cuál de los siguientes datos no es necesario que figure en las solicitudes de iniciación del procedimiento por parte de los interesados?

a) Número de teléfono.

b) Hechos, razones y petición en que se concrete, con toda claridad, la solicitud.

c) Órgano, centro o unidad administrativa a la que se dirige y su correspondiente código de identificación.

d) Firma del solicitante o acreditación de la autenticidad de su voluntad expresada por cualquier medio.

6. Los documentos que los interesados dirijan a los órganos de las Administraciones Públicas podrán presentarse:

a) En las oficinas de Correos, en la forma que reglamentariamente se establezca.

b) En el registro electrónico de la Administración u Organismo al que se dirijan.

c) En las representaciones diplomáticas u oficinas consulares de España en el extranjero.

d) Todas las respuestas son correctas.

7. Los interesados solo podrán solicitar el inicio de un procedimiento de responsabilidad patrimonial, cuando no haya prescrito su derecho a reclamar. El derecho a reclamar prescribirá:

a) Al año de producido el hecho o el acto que motive la indemnización o se manifieste su efecto lesivo.

b) A los dos años de producido el hecho o el acto que motive la indemnización o se manifieste su efecto lesivo.

c) A los cinco años de producido el hecho o el acto que motive la indemnización o se manifieste su efecto lesivo.

d) Este derecho no prescribe.

8. ¿De acuerdo con qué principio se acordarán en un solo acto todos los trámites que, por su naturaleza, admitan un impulso simultáneo y no sea obligado su cumplimiento sucesivo?

a) Con el principio de oficialidad.

b) Con el principio de eficacia.

c) Con el principio de simplificación administrativa.

d) Con el principio de rapidez administrativa.

9. Salvo en el caso de que en la norma correspondiente se fije plazo distinto, los trámites que deban ser cumplimentados por los interesados deberán realizarse en el plazo de:

a) Siete días a partir del siguiente al de la notificación del correspondiente acto.

b) Diez días a partir del siguiente al de la notificación del correspondiente acto.

c) Quince días a partir del siguiente al de la notificación del correspondiente acto.

d) Un mes a partir del siguiente al de la notificación del correspondiente acto.

10. En cualquier momento del procedimiento, cuando la Administración considere que alguno de los actos de los interesados no reúne los requisitos necesarios, lo pondrá en conocimiento de su autor, concediéndole un plazo para cumplimentarlo:

a) De cinco días.

b) De siete días.

c) De diez días.

d) De veinte días.

11. Cuando la Administración no tenga por ciertos los hechos alegados por los interesados o la naturaleza del procedimiento lo exija, el instructor del mismo acordará la apertura de un período de prueba, a fin de que puedan practicarse cuantas juzgue pertinentes, por un plazo:

a) No superior a treinta días ni inferior a diez.

b) No superior a treinta días ni inferior a quince.

c) No superior a veinte días ni inferior a diez.

d) No superior a veinte días ni inferior a cinco.

12. Salvo disposición expresa en contrario, los informes serán:

a) Vinculantes.

b) Vinculantes y facultativos.

c) Facultativos y no vinculantes.

d) Nunca facultativos.

13. En el caso de los procedimientos de responsabilidad patrimonial será preceptivo solicitar informe al servicio cuyo funcionamiento haya ocasionado la presunta lesión indemnizable, no pudiendo exceder el plazo de su emisión de:

a) Diez días.

b) Quince días.

c) Veinte días.
d) Un mes.

14. ¿Cómo se denomina el conjunto ordenado de documentos y actuaciones que sirven de antecedente y fundamento a la resolución administrativa, así como las diligencias encaminadas a ejecutarla?

a) Dosier administrativo.
b) Acto administrativo.
c) Expediente administrativo.
d) Procedimiento administrativo.

15. Con arreglo al artículo 74 LPACAP, las cuestiones incidentales que se susciten en el procedimiento, incluso las que se refieran a la nulidad de actuaciones:

a) Suspenderán la tramitación del procedimiento.
b) No suspenderán la tramitación del procedimiento, salvo la recusación.
c) No suspenderán la tramitación del procedimiento en ningún caso.
d) Siempre que lo estime oportuno el instructor del procedimiento, y así lo motive suficientemente, suspenderá la tramitación del procedimiento.

16. ¿Cuándo podrán los interesados aducir alegaciones y aportar documentos u otros elementos de juicio?

a) En cualquier momento.
b) En cualquier momento del procedimiento posterior al trámite de audiencia.
c) En cualquier momento del procedimiento anterior al trámite de audiencia.
d) Únicamente cuando lo autorice el instructor del procedimiento.

17. Señala la respuesta incorrecta respecto a los medios y período de prueba:

a) El instructor del procedimiento solo podrá rechazar las pruebas propuestas por los interesados cuando sean manifiestamente improcedentes o innecesarias, sin necesidad de resolución motivada.

b) En los procedimientos de carácter sancionador, los hechos declarados probados por resoluciones judiciales penales firmes vincularán a las Administraciones Públicas respecto de los procedimientos sancionadores que substancien.

c) Cuando la prueba consista en la emisión de un informe de un órgano administrativo, organismo público o Entidad de derecho público, se entenderá que este tiene carácter preceptivo.

d) Cuando la valoración de las pruebas practicadas pueda constituir el fundamento básico de la decisión que se adopte en el procedimiento, por ser pieza imprescindible para la correcta evaluación de los hechos, deberá incluirse en la propuesta de resolución.

18. Cuando lo considere necesario, el instructor, a petición de los interesados, podrá decidir la apertura de un período extraordinario de prueba por un plazo:

a) No superior a diez días.
b) No superior a quince días.
c) No superior a veinte días.
d) No superior a un mes.

19. Salvo que una disposición o el cumplimiento del resto de los plazos del procedimiento permita o exija otro plazo mayor o menor, los informes serán emitidos en el plazo de:

a) Diez días.
b) Quince días.
c) Veinte días.
d) Un mes.

20. ¿De qué plazo disponen los interesados para alegar y presentar los documentos y justificaciones que estimen pertinentes?

a) De un plazo no inferior a cinco días ni superior a diez.
b) De un plazo no inferior a diez días ni superior a quince.
c) De un plazo no inferior a diez días ni superior a veinte.
d) De un plazo no inferior a diez días ni superior a un mes.

En MADTEST tienes **más preguntas de este tema**, y todos tus avances quedan registrados y se reflejan en el ranking.

¡Supera tus límites con MADTEST!

Solución al test n.º 3

1. d) Ninguno de los recursos anteriores.

2. d) Todas las respuestas son correctas.

3. b) La presentación de una denuncia confiere, por sí sola, la condición de interesado en el procedimiento.

4. d) En ningún caso.

5. a) Número de teléfono.

6. d) Todas las respuestas son correctas.

7. a) Al año de producido el hecho o el acto que motive la indemnización o se manifieste su efecto lesivo.

8. c) Con el principio de simplificación administrativa.

9. b) Diez días a partir del siguiente al de la notificación del correspondiente acto.

10. c) De diez días.

11. a) No superior a treinta días ni inferior a diez.

12. c) Facultativos y no vinculantes.

13. a) Diez días.

14. c) Expediente administrativo.

15. b) No suspenderán la tramitación del procedimiento, salvo la recusación.

16. c) En cualquier momento del procedimiento anterior al trámite de audiencia.

17. a) El instructor del procedimiento solo podrá rechazar las pruebas propuestas por los interesados cuando sean manifiestamente improcedentes o innecesarias, sin necesidad de resolución motivada.

18. a) No superior a diez días.

19. a) Diez días.

20. b) De un plazo no inferior a diez días ni superior a quince.

TEST N.º 4

Real Decreto Legislativo 5/2015, de 30 de octubre, por el que se aprueba el texto refundido de la Ley del Estatuto Básico del Empleado Público: Título II. Personal al servicio de las Administraciones Públicas. Título III. Derechos y deberes. Código de conducta de los empleados públicos. Título IV. Adquisición y pérdida de la relación de servicio. Título VI. Situaciones administrativas. Título VII. Régimen disciplinario

1. Los empleados públicos tienen el siguiente derecho individual en correspondencia con la naturaleza jurídica de su relación de servicio:

a) A la libertad sindical.

b) A la negociación colectiva y a la participación en la determinación de las condiciones de trabajo.

c) A la progresión en la carrera profesional y promoción interna según principios constitucionales de igualdad, mérito y capacidad mediante la implantación de sistemas objetivos y transparentes de evaluación.

d) Al planteamiento de conflictos colectivos de trabajo, de acuerdo con la legislación aplicable en cada caso.

2. Los empleados públicos tienen el siguiente derecho individual que se ejerce de forma colectiva:

a) A la libertad sindical.

b) Al desempeño efectivo de las funciones o tareas propias de su condición profesional y de acuerdo con la progresión alcanzada en su carrera profesional.

c) A la progresión en la carrera profesional y promoción interna según principios constitucionales de igualdad, mérito y capacidad mediante la implantación de sistemas objetivos y transparentes de evaluación.

d) A percibir las retribuciones y las indemnizaciones por razón del servicio.

3. Los empleados públicos tienen el siguiente derecho individual que se ejerce de forma colectiva:

a) A participar en la consecución de los objetivos atribuidos a la unidad donde presten sus servicios y a ser informados por sus superiores de las tareas a desarrollar.

b) A la defensa jurídica y protección de la Administración Pública en los procedimientos que se sigan ante cualquier orden jurisdiccional como consecuencia del ejercicio legítimo de sus funciones o cargos públicos.

c) A la formación continua y a la actualización permanente de sus conocimientos y capacidades profesionales, preferentemente en horario laboral.

d) Al planteamiento de conflictos colectivos de trabajo, de acuerdo con la legislación aplicable en cada caso.

4. Los empleados públicos tienen el siguiente derecho de carácter individual en correspondencia con la naturaleza jurídica de su relación de servicio:

a) A la libertad sindical.

b)Al respeto de su intimidad, orientación e identidad sexual, expresión de género, características sexuales, propia imagen y dignidad en el trabajo, especialmente frente al acoso sexual y por razón de sexo, de orientación e identidad sexual, expresión de género o características sexuales, moral y laboral.

c) Al ejercicio de la huelga, con la garantía del mantenimiento de los servicios esenciales de la comunidad.

d) Al de reunión, en los términos establecidos en el artículo 46 del Estatuto Básico del Empleado Público.

5. La carrera profesional es:

a) El conjunto ordenado de oportunidades de ascenso y expectativas de progreso profesional conforme a los principios de igualdad, mérito y capacidad.

b) El conjunto ordenado de oportunidades de ascenso y expectativas de progreso profesional conforme a los principios de transparencia, objetividad, imparcialidad y no discriminación y se aplicarán sin menoscabo de los derechos de los empleados públicos.

c) El conjunto ordenado de oportunidades de ascenso y expectativas de progreso profesional conforme a los principios de igualdad, mérito y capacidad así como los contemplados en el artículo 55.2 del Estatuto Básico del Empleado Público.

d) El conjunto ordenado de oportunidades de ascenso y expectativas de progreso profesional conforme a los principios de transparencia, objetividad, imparcialidad y no discriminación y se aplicarán sin menoscabo de los derechos de los empleados públicos así como los contemplados en el artículo 55.2 del Estatuto Básico del Empleado Público.

6. Las Administraciones Públicas, al objeto de la carrera profesional de sus funcionarios de carrera promoverán la actualización y perfeccionamiento de:

a) La carrera horizontal.

b) La carrera vertical.

c) La promoción interna vertical.
d) La cualificación profesional.

7. El ascenso desde un cuerpo o escala de un Subgrupo, o Grupo de clasificación profesional en el supuesto de que este no tenga Subgrupo, a otro superior, de acuerdo con lo establecido en el artículo 18, se denomina en el Estatuto Básico del Empleado Público:

a) Carrera horizontal.
b) Carrera vertical.
c) Promoción interna vertical.
d) Promoción interna horizontal.

8. El ascenso en la estructura de puestos de trabajo por los procedimientos de provisión establecidos en el Capítulo III del Título V del Estatuto, se denomina en el Estatuto Básico del Empleado Público:

a) Carrera horizontal.
b) Carrera vertical.
c) Promoción interna vertical.
d) Promoción interna horizontal.

9. La progresión de grado, categoría, escalón u otros conceptos análogos, sin necesidad de cambiar de puesto de trabajo y de conformidad con lo establecido en la letra b) del artículo 17 y en el apartado 3 del artículo 20 del Estatuto, se denomina en el Estatuto Básico del Empleado Público:

a) Carrera horizontal.
b) Carrera vertical.
c) Promoción interna vertical.
d) Promoción interna horizontal.

10. El acceso a cuerpos o escalas del mismo Subgrupo profesional, de acuerdo con lo dispuesto en el artículo 18, se denomina en el Estatuto Básico del Empleado Público:

a) Carrera horizontal.
b) Carrera vertical.
c) Promoción interna vertical.
d) Promoción interna horizontal.

11. Las leyes de Función Pública que se dicten en desarrollo del Estatuto Básico del Empleado Público podrán regular la carrera horizontal de los funcionarios de carrera, para lo que:

a) Se articulará un sistema de grados, categorías o escalones de ascenso fijándose la remuneración global de ellos y los ascensos serán consecutivos con carácter general.
b) Se articulará un sistema de grados, categorías o escalones de ascenso fijándose la remuneración a cada uno de ellos y los ascensos serán consecutivos con carácter general.

c) Se articulará un sistema de grados, categorías o escalones de ascenso fijándose la remuneración a cada uno de ellos y los ascensos serán consecutivos con carácter excepcional.

d) Se articulará un sistema de grados, categorías o escalones de ascenso fijándose la remuneración a cada uno de ellos y los ascensos serán discontinuos con carácter general.

12. Las leyes de Función Pública que se dicten en desarrollo del Estatuto Básico del Empleado Público podrán regular la carrera horizontal de los funcionarios de carrera, para lo que, según el artículo 17.b):

a) Se deberá valorar los grados, categorías o escalones de ascenso, la calidad de los trabajos realizados, los conocimientos adquiridos y el resultado de la evaluación del desempeño, pudiéndose incluir asimismo otros méritos y aptitudes por razón de la especificidad de la función desarrollada y la experiencia adquirida.

b) Se deberá valorar la trayectoria y actuación profesional, la calidad de los trabajos realizados, los conocimientos adquiridos y el resultado de la evaluación del desempeño, pudiéndose incluir asimismo los grados, categorías o escalones de ascenso de la función desarrollada y la experiencia adquirida.

c) Se deberá valorar la trayectoria y actuación profesional, la calidad de los trabajos realizados, los conocimientos adquiridos y el resultado de la evaluación del desempeño, pudiéndose incluir asimismo otros méritos y aptitudes por razón de la especificidad de la función desarrollada y la experiencia adquirida.

d) Se deberá valorar la trayectoria y actuación profesional, los grados, categorías o escalones de ascenso y el resultado de la evaluación del desempeño, pudiéndose incluir asimismo otros méritos y aptitudes por razón de la especificidad de la función desarrollada y la experiencia adquirida.

13. La promoción interna de los funcionarios públicos se realizará mediante procesos selectivos que garanticen el cumplimiento de los principios constitucionales de:

a) Publicidad de las convocatorias y de sus bases.

b) Transparencia.

c) Igualdad, mérito y capacidad.

d) Independencia y discrecionalidad técnica en la actuación de los órganos de selección.

14. Los funcionarios podrán participar en la promoción interna siempre que posean los requisitos exigidos para el ingreso y tener una antigüedad de al menos:

a) Un año de servicio activo en el inferior Subgrupo, o Grupo de clasificación profesional, en el supuesto de que este no tenga Subgrupo.

b) Dos años de servicio activo en el inferior Subgrupo, o Grupo de clasificación profesional, en el supuesto de que este no tenga Subgrupo.

c) Tres años de servicio activo en el inferior Subgrupo, o Grupo de clasificación profesional, en el supuesto de que este no tenga Subgrupo.

d) Cuatro años de servicio activo en el inferior Subgrupo, o Grupo de clasificación profesional, en el supuesto de que este no tenga Subgrupo.

15. La carrera profesional y la promoción del personal laboral se hará efectiva a través de los procedimientos previstos:

a) En el Estatuto de los Trabajadores o en los convenios colectivos.
b) En el Estatuto Básico del Empleado Público o en los convenios colectivos.
c) En el Estatuto de los Trabajadores o en el Estatuto Básico del Empleado Público.
d) En los convenios colectivos.

16. ¿Cuál de las siguientes no es una situación administrativa de los funcionarios administrativos?

a) Funcionario interino.
b) Servicio activo.
c) Excedencia.
d) Suspensión de funciones.

17. Las leyes de Función Pública que se dicten en desarrollo del Estatuto Básico del Empleado Público podrán regular otras situaciones administrativas de los funcionarios de carrera, en los supuestos, en las condiciones y con los efectos que en las mismas se determinen, cuando concurra, entre otras, alguna de las circunstancias siguientes:

a) Cuando por razones organizativas, de reestructuración interna o exceso de personal, resulte una imposibilidad transitoria de asignar un puesto de trabajo o la conveniencia de incentivar la cesación en el servicio activo.
b) Cuando los funcionarios accedan, bien por promoción interna o por otros sistemas de acceso, a otros cuerpos o escalas y no les corresponda quedar en alguna de las situaciones previstas en este Estatuto, y cuando pasen a prestar servicios en organismos o entidades del sector público en régimen distinto al de funcionario de carrera.
c) Dicha regulación, según la situación administrativa de que se trate, podrá conllevar garantías de índole retributiva o imponer derechos u obligaciones en relación con el reingreso al servicio activo.
d) Cuando el funcionario pase a formar parte de la plantilla de personal laboral de la Administración Pública.

18. Quienes, conforme a la normativa de función pública dictada en desarrollo del Estatuto Básico del Empleado Público, presten servicios en su condición de funcionarios públicos cualquiera que sea la Administración u organismo público o entidad en el que se encuentren destinados y no les corresponda quedar en otra situación, se encuentran:

a) En servicio activo.
b) En servicios especiales.
c) En servicio en otras Administraciones Públicas.
d) En excedencia.

19. Cuando los funcionarios sean designados miembros del Gobierno o de los órganos de gobierno de las comunidades autónomas y ciudades de Ceuta y Melilla, miembros de las Instituciones de la Unión Europea o de las organizaciones internacionales, o sean nombrados altos cargos de las citadas Administraciones Públicas o Instituciones, estarán:

a) En servicio activo.
b) En servicios especiales.
c) En servicio en otras Administraciones Públicas.
d) En excedencia.

20. Cuando los funcionarios sean nombrados para desempeñar puestos o cargos en organismos públicos o entidades, dependientes o vinculados a las Administraciones Públicas que, de conformidad con lo que establezca la respectiva Administración Pública, estén asimilados en su rango administrativo a altos cargos, serán:

a) En servicio activo.
b) En servicios especiales.
c) En servicio en otras Administraciones Públicas.
d) En excedencia.

En MADTEST tienes **más preguntas de este tema**, y todos tus avances quedan registrados y se reflejan en el ranking.

¡Supera tus límites con MADTEST!

Solución al test n.º 4

1. c) A la progresión en la carrera profesional y promoción interna según principios constitucionales de igualdad, mérito y capacidad mediante la implantación de sistemas objetivos y transparentes de evaluación.

2. a) A la libertad sindical.

3. d) Al planteamiento de conflictos colectivos de trabajo, de acuerdo con la legislación aplicable en cada caso.

4. b) Al respeto de su intimidad, orientación e identidad sexual, expresión de género, características sexuales, propia imagen y dignidad en el trabajo, especialmente frente al acoso sexual y por razón de sexo, de orientación e identidad sexual, expresión de género o características sexuales, moral y laboral.

5. a) El conjunto ordenado de oportunidades de ascenso y expectativas de progreso profesional conforme a los principios de igualdad, mérito y capacidad.

6. d) La cualificación profesional.

7. c) Promoción interna vertical.

8. b) Carrera vertical.

9. a) Carrera horizontal.

10. d) Promoción interna horizontal.

11. b) Se articulará un sistema de grados, categorías o escalones de ascenso fijándose la remuneración a cada uno de ellos y los ascensos serán consecutivos con carácter general.

12. c) Se deberá valorar la trayectoria y actuación profesional, la calidad de los trabajos realizados, los conocimientos adquiridos y el resultado de la evaluación del desempeño, pudiéndose incluir asimismo otros méritos y aptitudes por razón de la especificidad de la función desarrollada y la experiencia adquirida.

13. c) Igualdad, mérito y capacidad.

14. b) Dos años de servicio activo en el inferior Subgrupo, o Grupo de clasificación profesional, en el supuesto de que este no tenga Subgrupo.

15. a) En el Estatuto de los Trabajadores o en los convenios colectivos.

16. a) Funcionario interino.

17. d) Cuando el funcionario pase a formar parte de la plantilla de personal laboral de la Administración Pública.

18. a) En servicio activo.

19. b) En servicios especiales.

20. b) En servicios especiales.

Ley Orgánica 2/2023, de 22 de marzo, del Sistema Universitario (I): Título I. Funciones del sistema universitario y autonomía de las Universidades. Título II. Creación y reconocimiento de las Universidades y calidad del sistema universitario. Título III. Organización de enseñanzas y títulos. Título IV. Investigación y transferencia e intercambio del conocimiento e innovación. Título VIII. El estudiantado en el Sistema Universitario. Título VII. Internacionalización del sistema universitario

1. ¿En qué fecha entró en vigor la Ley Orgánica 2/2023, del Sistema Universitario (LOSU)?

a) 12 de abril de 2023.
b) 23 de marzo de 2023.
c) 12 de abril de 2023.
d) 1 de enero de 2024.

2. ¿Cuál de las siguientes leyes fue derogada con la entrada en vigor de la LOSU?

a) La Ley Orgánica 6/2001, de 21 de diciembre.
b) La Ley Orgánica 11/1983.
c) El Real Decreto 640/2021.
d) La Ley 33/2011.

3. ¿Qué artículo de la Constitución Española reconoce la autonomía universitaria?

a) El artículo 14.
b) El artículo 27.10.
c) El artículo 103.
d) El artículo 149.

4. Según la LOSU, ¿qué porcentaje máximo de contratos temporales está permitido para el personal docente e investigador?

a) 40%.
b) 20%.

c) 8%.
d) 15%.

5. ¿Cuál es la función principal de la Universidad Nacional de Educación a Distancia (UNED)?

a) Desarrollar únicamente programas presenciales.
b) Gestionar títulos en el extranjero.
c) Realizar actividades académicas no presenciales e híbridas.
d) Promover la movilidad de estudiantes Erasmus.

6. ¿Qué título de la LOSU regula la internacionalización del sistema universitario?

a) Título IV.
b) Título VI.
c) Título VII.
d) Título IX.

7. ¿Qué órgano verifica los planes de estudio que conducen a títulos oficiales?

a) El Ministerio de Educación.
b) La Comunidad Autónoma.
c) El Consejo de Universidades.
d) La Agencia Nacional de Calidad.

8. ¿Cuál de los siguientes aspectos forma parte de la autonomía académica según la LOSU?

a) Administración del presupuesto.
b) Elaboración de planes de estudio.
c) Selección de personal administrativo.
d) Gestión de servicios externos.

9. ¿Qué mecanismo propone la LOSU para garantizar la transparencia en las universidades públicas?

a) Realización de auditorías privadas.
b) Creación de un portal de transparencia.
c) Inspección del Tribunal de Cuentas.
d) Publicación de informes quinquenales.

10. Según la LOSU, ¿qué porcentaje mínimo del PIB debe destinarse a financiación pública universitaria?

a) 1%.
b) 2%.

c) 5%.
d) 0.5%.

11. ¿Qué universidades son consideradas actores clave en la cohesión territorial?

a) Privadas.
b) Internacionales.
c) Públicas.
d) Tecnológicas.

12. ¿Qué funciones tiene la Universidad según el artículo 2.2 de la LOSU?

a) Realizar exclusivamente investigación.
b) Emitir únicamente títulos de grado.
c) Difundir conocimiento en un área específica.
d) Contribuir al bienestar social y la cohesión territorial.

13. ¿Qué requisito establece la LOSU para la creación de universidades?

a) Disponibilidad de fondos públicos.
b) Planes de igualdad y medidas de accesibilidad.
c) Autorización directa del Rectorado.
d) Creación de un fondo propio de investigación.

14. ¿Quién regula las condiciones de reconocimiento de títulos universitarios extranjeros?

a) El Gobierno.
b) El Senado.
c) La Agencia de Calidad.
d) La Conferencia de Rectores.

15. ¿Qué entidad supervisa la calidad del sistema universitario español?

a) La ANECA (Agencia Nacional de Evaluación de la Calidad).
b) El Senado.
c) La Conferencia General de Política Universitaria.
d) El Consejo Social de cada universidad.

16. ¿Qué se impulsa en las universidades para combatir la emergencia climática?

a) Planes de ahorro de energía opcionales.
b) Restricción de acceso a carreras ambientales.
c) Programas de sostenibilidad y lucha contra el cambio climático.
d) Instalación obligatoria de paneles solares.

17. ¿Qué derecho fundamental se asegura a través de la autonomía universitaria?

a) El derecho a la educación privada.
b) La libertad de cátedra, estudio e investigación.
c) La libertad de asociación estudiantil.
d) El derecho a la gratuidad de estudios.

18. ¿Qué derecho tiene el estudiantado según la LOSU?

a) Acceso exclusivo a estudios gratuitos.
b) Derecho a representación indirecta en la universidad.
c) Derecho al paro académico.
d) Participación solo en actividades culturales.

19. ¿Qué entidades pueden crear universidades privadas?

a) Personas físicas o jurídicas.
b) Solamente las Administraciones Públicas.
c) Empresas del sector tecnológico.
d) Centros docentes de investigación.

20. La autonomía universitaria garantiza la libertad de cátedra del profesorado, que se manifiesta en:

a) La libertad en la docencia.
b) La libertad en la investigación.
c) La libertad en el estudio.
d) Las tres respuestas anteriores son correctas.

En MADTEST tienes **más preguntas de este tema**, y todos tus avances quedan registrados y se reflejan en el ranking.

¡Supera tus límites con MADTEST!

Solución al test n.º 5

1. c) 12 de abril de 2023.

2. a) La Ley Orgánica 6/2001, de 21 de diciembre.

3. b) El artículo 27.10.

4. c) 8%.

5. c) Realizar actividades académicas no presenciales e híbridas.

6. c) Título VII.

7. c) El Consejo de Universidades.

8. b) Elaboración de planes de estudio.

9. b) Creación de un portal de transparencia.

10. a) 1%.

11. c) Públicas.

12. d) Contribuir al bienestar social y la cohesión territorial.

13. b) Planes de igualdad y medidas de accesibilidad.

14. a) El Gobierno.

15. a) La ANECA (Agencia Nacional de Evaluación de la Calidad).

16. c) Programas de sostenibilidad y lucha contra el cambio climático.

17. b) La libertad de cátedra, estudio e investigación.

18. c) Derecho al paro académico.

19. a) Personas físicas o jurídicas.

20. d) Las tres respuestas anteriores son correctas.

Ley Orgánica 2/2023, de 22 de marzo, del Sistema Universitario (II): Título IX. Régimen específico de las universidades públicas. Capítulo I. Régimen jurídico y estructura de las universidades públicas. Capítulo II. Gobernanza de las universidades públicas. Capítulo III. Régimen económico y financiero de las universidades públicas. Capítulo IV. Personal docente e investigador de las universidades públicas. Capítulo V. Personal técnico, de gestión y de administración y servicios

1. ¿Cuál de las siguientes estructuras no está prevista en el artículo 40 de la LOSU?

a) Campus.
b) Facultades.
c) Aulas específicas.
d) Escuelas de doctorado.

2. Según la LOSU, ¿quién decide la creación o supresión de facultades y escuelas?

a) El Consejo de Estudiantes.
b) La Comunidad Autónoma a iniciativa de la universidad.
c) El Ministerio de Universidades.
d) El Consejo Social.

3. ¿Cuál es la principal función de los Colegios Mayores según la Disposición adicional séptima?

a) Proveer asistencia médica a estudiantes.
b) Proporcionar residencia y promover actividades culturales.
c) Realizar tareas administrativas.
d) Facilitar becas de estudio.

4. En las universidades públicas, ¿quién vela por el respeto de los derechos de la comunidad universitaria?

a) El Rector.
b) El Consejo de Gobierno.

c) La Defensoría Universitaria.
d) El Consejo Social.

5. ¿Cuál de los siguientes órganos es el máximo de representación y participación en la universidad?

a) El Consejo de Gobierno.
b) El Consejo Social.
c) El Claustro Universitario.
d) El Rectorado.

6. ¿Qué porcentaje de representación debe tener el estudiantado en el Claustro Universitario?

a) 10 %.
b) 25 %.
c) 15 %.
d) 40 %.

7. Según la LOSU, ¿quién elige a los representantes del Consejo de Gobierno?

a) El Claustro Universitario.
b) El Rector.
c) La Comunidad Autónoma.
d) Los Decanos.

8. ¿Quién preside el Consejo de Gobierno en una universidad pública?

a) El Secretario General.
b) El Decano de Facultad.
c) El Presidente del Consejo Social.
d) El Rector o Rectora.

9. ¿Qué función tiene el Consejo Social en la universidad?

a) Organizar elecciones a Rector.
b) Promover la relación de la universidad con la sociedad.
c) Evaluar la calidad docente.
d) Gestionar la oferta académica.

10. ¿Qué requisito se exige para ser candidato a Rector según la LOSU?

a) Ser Decano de Facultad.
b) Tener al menos cinco años de experiencia docente.

c) Poseer tres sexenios de investigación y tres quinquenios docentes.
d) Ser miembro del Consejo de Gobierno.

11. ¿Cuál es el mandato del Rector según la LOSU?

a) Seis años improrrogables y no renovables.
b) Cuatro años, renovables una vez.
c) Ocho años con posibilidad de reelección.
d) Cinco años, con opción a un segundo mandato.

12. ¿Qué órgano universitario se encarga de aprobar el presupuesto de la universidad?

a) El Rector.
b) El Consejo Social.
c) El Claustro Universitario.
d) La Defensoría Universitaria.

13. ¿Cuál de las siguientes funciones corresponde al Consejo de Gobierno?

a) Aprobar los presupuestos finales del Estado.
b) Organizar las elecciones de Rector.
c) Fijar las directrices fundamentales de la universidad.
d) Elegir a los representantes estudiantiles.

14. ¿Qué unidad se encarga de garantizar la igualdad de género en la universidad?

a) Unidad de Diversidad.
b) Defensoría Universitaria.
c) Consejo Social.
d) Unidad de Igualdad.

15. Según la LOSU, ¿quién es responsable de los servicios administrativos y económicos?

a) El Secretario General.
b) El Decano de Facultad.
c) El Gerente.
d) El Vicerrector de Finanzas.

16. ¿Qué órgano universitario promueve acciones para la inserción laboral de estudiantes?

a) Unidad de Investigación.
b) Consejo Social.
c) Defensoría Universitaria.
d) Claustro Universitario.

17. ¿Qué porcentaje mínimo del Consejo de Gobierno debe estar compuesto por estudiantes?

a) 15 %.
b) 10 %.
c) 20 %.
d) 5 %.

18. ¿Cuál de los siguientes es un órgano unipersonal de gobierno universitario?

a) Consejo Social.
b) Rector.
c) Claustro Universitario.
d) Consejo de Estudiantes.

19. ¿Qué órgano establece los mecanismos de rendición de cuentas?

a) Consejo Social.
b) Claustro Universitario.
c) Consejo de Gobierno.
d) Vicerrectorado de Gestión.

20. ¿Qué artículo de la LOSU regula los proyectos de investigación como unidades funcionales?

a) El artículo 58.
b) El artículo 54.
c) El artículo 62.
d) El artículo 61.

En MADTEST tienes **más preguntas de este tema**, y todos tus avances quedan registrados y se reflejan en el ranking.

¡Supera tus límites con MADTEST!

Solución al test n.º 6

1. c) Aulas específicas.

2. b) La Comunidad Autónoma a iniciativa de la universidad.

3. b) Proporcionar residencia y promover actividades culturales.

4. c) La Defensoría Universitaria.

5. c) El Claustro Universitario.

6. b) 25 %.

7. a) El Claustro Universitario.

8. d) El Rector o Rectora.

9. b) Promover la relación de la universidad con la sociedad.

10. c) Poseer tres sexenios de investigación y tres quinquenios docentes.

11. a) Seis años improrrogables y no renovables.

12. b) El Consejo Social.

13. c) Fijar las directrices fundamentales de la universidad.

14. d) Unidad de Igualdad.

15. c) El Gerente.

16. b) Consejo Social.

17. b) 10 %.

18. b) Rector.

19. a) Consejo Social.

20. c) El artículo 62.

TEST N.º 7

Decreto 32/2017, de 21 de marzo, del Consejo de Gobierno, por el que se aprueban los Estatutos de la Universidad Complutense de Madrid (I): Título Preliminar. Disposiciones generales. Título I. Régimen jurídico de la UCM. Título II. Estructura de la Universidad. Título III. Gobierno y Representación en la UCM

1. Indica la opción incorrecta respecto a la naturaleza de la UCM (art. 1):

a) Es una institución de Derecho Público con personalidad jurídica y patrimonio propio para la consecución de sus fines y el desarrollo de sus funciones.

b) Goza de autonomía de acuerdo con el artículo 27.10 de la Constitución y la Ley Orgánica 2/2023, de 22 de marzo, del Sistema Universitario (LOSU).

c) En el marco de su autonomía, la actividad de la UCM se fundamenta en el principio de libertad académica, que se manifiesta en las libertades de cátedra, de investigación y de estudio.

d) Estos principios y libertades de la letra c) inspirarán la aplicación de las normas por las que se rige la Universidad.

2. La UCM según indica el artículo 2 de sus Estatutos:

a) Contará con un punto municipal de igualdad de género.

b) Contará con una unidad de igualdad para el desarrollo de las funciones relacionadas con el principio de igualdad entre mujeres y hombres en el ámbito de las materias de su competencia.

c) Contará con un observatorio universitario de género.

d) Ninguna es correcta.

3. Indica cuál de las siguientes funciones al servicio de la sociedad no es de la UCM (art. 3):

a) La formación en valores ciudadanos de los miembros de la comunidad universitaria.

b) La promoción cultural y científica de la comunidad universitaria, para mejorar su capacidad de anticipación a los cambios sociales, ideológicos, culturales, científicos y tecnológicos.

c) Favorecer el intercambio científico, la movilidad académica y la cooperación para el desarrollo de los pueblos.

d) El impulso de la cultura y la educación, el progreso solidario y el respeto al medio ambiente como elementos esenciales para el desarrollo sostenible.

4. ¿A quién compete garantizar el desarrollo estable y coordinado, de políticas de evaluación y mejora de la calidad de la enseñanza, la investigación y la gestión? (art. 3)

a) Al Rector.
b) Al Ministerio de Universidades.
c) Al Consejo de Gobierno.
d) Ninguna es correcta.

5. Una de las siguientes competencias establecidas en el artículo 4 de los Estatutos es incorrecta:

a) La expedición de los títulos de carácter oficial y validez en todo el territorio nacional y de sus certificados, diplomas y títulos propios.
b) La elaboración, aprobación y gestión de sus presupuestos y la administración de sus bienes.
c) La ordenación y organización de sus relaciones de puestos de trabajo.
d) El establecimiento de relaciones con otras entidades para la promoción y desarrollo de sus fines institucionales.

6. ¿Qué regula el artículo 5 de los Estatutos de la UCM?

a) El escudo, sello y estandarte.
b) Las competencias de la Universidad.
c) Las prerrogativas y potestades.
d) Ninguna es correcta.

7. Indica cuál de las siguientes opciones referidas al escudo de la UCM, no es correcta:

a) Ajedrezado de quince piezas, ocho de oro y siete de gules, cargado, en abismo, de un roel o tortillo de plata.
b) Sobrecargado de un sol de oro y de una leyenda, partida, que, en la parte inferior, en orla, señala LIBERTAS, al centro, en faja, PERFUNDET y la parte superior, también en orla, OMNIA LUCE, en letras de sable.
c) El todo rodeado de una filiera de oro, cargada, en orla, de un cordón de San Francisco de plata, cuyas borlas terminales se cruzan en la punta, y sobresalen del escudo.
d) El escudo va adosado de un cisne de plata, picado y membrado de gules, contornado, que lo soporta, sujetándolo con sus patas; el todo va encerrado en una filacteria de plata, con la leyenda, en letras de sable, VNIVERSITAS COMPLVTENSIS MATRITENSIS".

8. Como Administración Pública vinculada a la de la Comunidad de Madrid, la UCM goza de las prerrogativas y potestades propias de aquella:

a) En todo caso.
b) Con las excepciones que las leyes establezcan.
c) Con las excepciones establecidas reglamentariamente.
d) Ninguna es correcta.

9. En relación a las prerrogativas y potestades de la UCM, indica la opción correcta:

a) La UCM, en el ejercicio de su plena personalidad jurídica, no podrá adquirir, poseer, retener, permutar, gravar y enajenar cualquier clase de bienes, tanto muebles como inmuebles, pero sí celebrar contratos, establecer y explotar obras y servicios, obligarse, interponer los recursos establecidos y ejercitar las acciones previstas en las leyes.

b) La actuación de la UCM se regirá por las normas de régimen jurídico y de procedimiento administrativo común aplicables a la Administración Pública, con las adaptaciones necesarias a su estructura organizativa, a los procedimientos especiales previstos en la legislación sectorial universitaria y a los procedimientos propios que establezcan estos Estatutos y las normas que los desarrollen.

c) Tiene facultad que le reconoce la Comunidad Autónoma de Madrid sobre contratación administrativa.

d) Todas son correctas.

10. En relación con los centros y estructuras de la UCM, indica el artículo 11. Indica la opción incorrecta:

a) La UCM estará integrada por Facultades, Escuelas, Departamentos, Institutos Universitarios de Investigación, Escuelas de Doctorado y por aquellos otros Centros y estructuras necesarios para el desempeño de sus funciones, en el marco de lo previsto en la normativa aplicable.

b) La UCM deberá dotarse de estructuras de gobierno y gestión que faciliten la desconcentración de sus actividades.

c) La UCM podrá crear otros centros o estructuras cuyas actividades de desarrollo de sus fines institucionales no conduzcan a la obtención de títulos incluidos en el Catálogo de Títulos Universitarios Oficiales.

d) La UCM podrá celebrar convenios con otras entidades públicas o privadas para la creación o adscripción de centros docentes y de investigación, en el marco de la legislación general y de conformidad con los presentes Estatutos.

11. ¿Quién acuerda la creación, modificación y supresión de las Facultades y Escuelas de la UCM?

a) El Consejo Social.
b) El Rector.
c) El Consejo de Gobierno.
d) La Comunidad de Madrid.

12. ¿A qué órgano habrá que informar de los procesos de creación, modificación o supresión?

a) Al Consejo Social.
b) Al Gobierno de la Comunidad de Madrid.
c) Al Claustro Universitario.
d) A la Conferencia General de Política Universitaria.

13. La creación, modificación y supresión de las Escuelas de Doctorado requerirá:

a) Acuerdo del Consejo de Gobierno de la Universidad e informe previo del Consejo Social
b) Acuerdo del Consejo de Gobierno de la Universidad e informe previo del Rector.
c) Acuerdo del Consejo Social de la Universidad e informe previo de las Juntas de Facultad afectadas.
d) Acuerdo del Consejo de Gobierno de la Universidad e informe previo de las Juntas de Facultad afectadas.

14. Indica la opción correcta referida a los Departamentos (art. 14):

a) Los Departamentos son las unidades de docencia e investigación encargadas de coordinar las enseñanzas de uno o varios ámbitos del conocimiento en uno o varios Centros de la UCM, de acuerdo con la programación docente de la Universidad, así como de apoyar las actividades e iniciativas docentes e investigadoras del profesorado. Asimismo, ejercerán aquellas otras funciones que determinen los presentes Estatutos y la legislación vigente.
b) En los términos previstos por la legislación vigente, los Departamentos se constituirán por ámbitos del conocimiento científico, técnico o artístico.
c) Los Departamentos se regirán por lo dispuesto en la normativa estatal y autonómica que les sea de aplicación, los presentes Estatutos, el Reglamento de Centros y Estructuras y, en su caso, los Reglamentos de Régimen Interno que puedan elaborar los mismos.
d) Todas son correctas.

15. ¿Quién crea, modifica y suprime los Departamentos (art. 15)?

a) Los Centros.
b) El Consejo de Gobierno previo informe del Rector.
c) El Consejo de Gobierno previo informe de los Centros y Departamentos afectados.
d) Ninguna es correcta.

16. Indica la opción correcta sobre los Institutos Universitarios de Investigación:

a) Son centros dedicados a la investigación científica y técnica o a la creación artística.
b) Deberán organizar y desarrollar programas y estudios de doctorado y de posgrado en los términos previstos en los presentes Estatutos y proporcionar asesoramiento técnico en el ámbito de sus competencias.
c) En todo caso, sus actividades, tanto docentes como investigadoras, podrán coincidir en idénticos ámbitos con las desempeñadas en los Departamentos.
d) Todas son correctas.

17. ¿Quién acuerda la creación, modificación y supresión de los Institutos Universitarios de Investigación?

a) La Comunidad de Madrid.
b) El Consejo Social.
c) El Rector.
d) El Consejo de Gobierno.

18. La UCM podrá suscribir convenios u otras formas de cooperación con otras Universidades para la creación de Institutos Interuniversitarios de Investigación, que se regirán por:

a) Lo que establezcan las referidas fórmulas de creación.
b) El Reglamento de Centros y Estructuras.
c) Ambas son correctas.
d) Ninguna es correcta.

19. Son Institutos Universitarios de Investigación Mixtos:

a) Los constituidos por la UCM, por sí sola o conjuntamente con otras Universidades, con otras entidades públicas o privadas, con los organismos públicos de investigación, con los centros del Sistema Nacional de Salud y con otros centros de investigación públicos o privados con ánimo de lucro, promovidos y participados por una Administración Pública.
b) Los constituidos por la UCM, por sí sola en todo caso, con otras entidades públicas o privadas, con los organismos públicos de investigación, con los centros del Sistema Nacional de Salud y con otros centros de investigación públicos o privados sin ánimo de lucro, promovidos y participados por una Administración Pública.
c) Los constituidos por la UCM, por sí sola o conjuntamente con otras Universidades, con otras entidades públicas o privadas, con los organismos públicos de investigación, con los centros del Sistema Nacional de Salud y con otros centros de investigación públicos o privados sin ánimo de lucro, promovidos y participados por una Administración Pública.
a) Ninguna es correcta.

20. El Reglamento de Régimen Interno, indica el artículo 22, regulará el procedimiento de elaboración, seguimiento y evaluación de la Memoria de su labor investigadora, que deberán elevar anualmente a:

a) El Consejo de Gobierno.
b) El Claustro.
c) El Consejo Social.
d) El Rector.

En MADTEST tienes **más preguntas de este tema**, y todos tus avances quedan registrados y se reflejan en el ranking.

¡Supera tus límites con MADTEST!

Solución al test n.º 7

1. d) Estos principios y libertades de la letra c) inspirarán la aplicación de las normas por las que se rige la Universidad.

2. b) Contará con una unidad de igualdad para el desarrollo de las funciones relacionadas con el principio de igualdad entre mujeres y hombres en el ámbito de las materias de su competencia.

3. d) El impulso de la cultura y la educación, el progreso solidario y el respeto al medio ambiente como elementos esenciales para el desarrollo sostenible.

4. c) Al Consejo de Gobierno.

5. c) La ordenación y organización de sus relaciones de puestos de trabajo.

6. d) Ninguna es correcta.

7. b) Sobrecargado de un sol de oro y de una leyenda, partida, que, en la parte inferior, en orla, señala LIBERTAS, al centro, en faja, PERFUNDET y la parte superior, también en orla, OMNIA LUCE, en letras de sable.

8. b) Con las excepciones que las leyes establezcan.

9. b) La actuación de la UCM se regirá por las normas de régimen jurídico y de procedimiento administrativo común aplicables a la Administración Pública, con las adaptaciones necesarias a su estructura organizativa, a los procedimientos especiales previstos en la legislación sectorial universitaria y a los procedimientos propios que establezcan estos Estatutos y las normas que los desarrollen.

10. b) La UCM deberá dotarse de estructuras de gobierno y gestión que faciliten la desconcentración de sus actividades.

11. d) La Comunidad de Madrid.

12. d) A la Conferencia General de Política Universitaria.

13. d) Acuerdo del Consejo de Gobierno de la Universidad e informe previo de las Juntas de Facultad afectadas.

14. d) Todas son correctas.

15. c) El Consejo de Gobierno previo informe de los Centros y Departamentos afectados.

16. a) Son centros dedicados a la investigación científica y técnica o a la creación artística.

17. a) La Comunidad de Madrid.

18. c) Ambas son correctas.

19. c) Los constituidos por la UCM, por sí sola o conjuntamente con otras Universidades, con otras entidades públicas o privadas, con los organismos públicos de investigación, con los centros del Sistema Nacional de Salud y con otros centros de investigación públicos o privados sin ánimo de lucro, promovidos y participados por una Administración Pública.

20. d) El Rector.

TEST N.º 8

Decreto 32/2017, de 21 de marzo, del Consejo de Gobierno, por el que se aprueban los Estatutos de la Universidad Complutense de Madrid (II): Título VI. Los Estudiantes de la UCM. Título VII. El Personal de Administración y Servicios. Título VIII. El/la Defensor/a Universitario. Título X. Las Enseñanzas e Investigación en la Universidad. Título XII. El Régimen Económico y Financiero de la UCM. Título XIII. Los Servicios de la UCM

1. ¿En qué Título de los Estatutos de la UCM se regula la figura del Estudiante?

a) Título II.
b) Título VI.
c) Título X.
d) Título V.

2. ¿A quién le corresponde establecer los procedimientos para la admisión de los estudiantes con respeto a los principios de igualdad, mérito y capacidad?

a) A la Conferencia General de Política Universitaria.
b) Al Consejo de Gobierno, previo informe de la Conferencia General de la Política Universitaria.
c) Al Consejo Social.
d) Al Rector, a propuesta del Consejo de Gobierno.

3. Entre los deberes de los estudiantes, no se encuentra el siguiente:

a) Hacer un uso correcto de las instalaciones, bienes y recursos de la Universidad.
b) Abstenerse de la utilización o cooperación en procedimientos fraudulentos en las pruebas de evaluación, en los trabajos que se realicen o en documentos oficiales de la Universidad.
c) Cooperar con el resto de la comunidad universitaria en el buen funcionamiento de la Universidad y en la mejora de sus servicios.
d) Obtener reconocimiento académico por su participación en actividades universitarias culturales, deportivas, de representación estudiantil, solidarias y de cooperación.

4. Cualquier estudiante de la UCM puede elegir y ser elegido para desempeñar cargos de representación, de acuerdo con lo establecido en estos Estatutos, en el Reglamento Electoral de la UCM y en el Estatuto del Estudiante. La representación de los estudiantes de la Universidad corresponde a:

a) Los estudiantes miembros de los órganos colegiados de gobierno y representación de la Universidad.

b) Los miembros de la Delegación Central de Estudiantes.

c) Los delegados de grupo y Centro, cuyo sistema de elección y funciones se recogerán en el Reglamento de cada Centro.

d) Todas son correctas.

5. ¿Puede un estudiante matricularse en más de un curso?

a) No, en ningún caso.

b) Sí, siempre que sea en el mismo Centro.

c) Sí, si la oferta de plazas lo permite y se cumplen las condiciones que reglamentariamente se establezcan.

d) Ninguna es correcta.

6. Indica la opción correcta, respecto del Personal de Administración y Servicios de la UCM:

a) Se regula en el Título X de la LOSU.

b) El Personal de Administración y Servicios está formado por personal funcionario, personal laborado contratado permanente, en todo caso y personal directivo.

c) La política del Personal de Administración y Servicios de la UCM se regirá por un documento de plantillas, plasmado en su Relación de Puestos de Trabajo, aprobado por el Rector.

d) Corresponde al Personal de Administración y Servicios, bajo la dirección de la Gerencia de la Universidad, el ejercicio de las tareas de gestión, administración y prestación de servicios, así como el apoyo, asistencia y asesoramiento a las autoridades académicas y cualesquiera otros procesos de gestión administrativa, económica, técnica y de soporte a la docencia, el estudio y la investigación que se determine necesario para la UCM en el cumplimiento de sus funciones y objetivos.

7. ¿A quién le corresponde aprobar las relaciones de puestos de trabajo del PAS?

a) Al Gerente, oído los órganos de representación del personal y los Centros.

b) Al Consejo de Gobierno, a propuesta del/la Gerente y oídos los órganos de representación del personal y los Centros, en su caso.

c) A la Comunidad de Madrid.

d) Al Consejo Social, a propuesta del Consejo de Gobierno y oídos los órganos de representación del personal y los Centros, en su caso.

8. ¿Quién aprueba la oferta de empleo público de la UCM?

a) El Gerente, a propuesta del Consejo de Gobierno.
b) La Comunidad de Madrid, a propuesta del Consejo de Gobierno.
c) El Consejo de Gobierno a propuesta del Gerente.
d) Ninguna es correcta.

9. Una vez aprobada la oferta de empleo público, ¿a quién le corresponde proceder a la convocatoria de los procedimientos selectivos de acceso para cubrir las vacantes previstas en los grupos profesionales y en las escalas de la UCM?

a) Al Rector.
b) Al Gerente.
c) Al Consejo de Gobierno.
d) Al Consejo Social.

10. En relación a las Escalas, es cierto que:

a) La UCM, mediante acuerdo del Gerente, a propuesta del Consejo de Gobierno, podrá crear escalas de personal propio de acuerdo con los grupos de titulación exigidos por el Estatuto Básico del Empleado Público que considere necesarias para su buen funcionamiento.
b) La Comunidad de Madrid, mediante acuerdo del Consejo de Gobierno, a propuesta del/la Gerente, podrá crear escalas de personal propio de acuerdo con los grupos de titulación exigidos por el Estatuto Básico del Empleado Público que considere necesarias para su buen funcionamiento, sin perjuicio de lo establecido en el artículo siguiente, el 128.
c) La UCM, mediante acuerdo del Consejo de Gobierno, a propuesta del/la Gerente, podrá crear escalas de personal propio de acuerdo con los grupos de titulación exigidos por el Estatuto Básico del Empleado Público que considere necesarias para su buen funcionamiento, sin perjuicio de lo establecido en el artículo 128.
d) Ninguna es correcta.

11. ¿Qué titulación se exige para el acceso al grupo B?

a) Título universitario de Grado.
b) Título de Bachiller o Técnico.
c) Título de Graduado en Educación Secundaria Obligatoria.
d) Título de Técnico Superior.

12. Aquellos puestos de carácter directivo o de especial responsabilidad o que, por la naturaleza de sus funciones, se determinen en las relaciones de puestos de trabajo, y de conformidad con la normativa general de la función pública, se cubrirán mediante:

a) Concurso.
b) Concurso-oposición.
c) Libre designación.
d) Ninguna es correcta.

13. Uno de los siguientes no es un derecho del PAS de la UCM:

a) La disposición de medios adecuados y de información necesaria para el desempeño de las tareas encomendadas al puesto de trabajo.

b) Recibir protección eficaz en materia de seguridad y salud en el trabajo.

c) El disfrute de las ayudas sociales de cualquier tipo que promueva la Universidad conforme a la regulación que de tales ayudas se establezca.

d) Someter a un proceso de evaluación objetivo su actividad laboral.

14. Indica la opción incorrecta, respecto de la Junta de Personal:

a) Participa en los procedimientos selectivos y de provisión de puestos de trabajo, de promoción y en la elaboración de las plantillas.

b) Informa de todas las sanciones impuestas por faltas muy graves.

c) Vigila el cumplimiento de las normas vigentes en materia de condiciones de trabajo, prevención de riesgos laborales, Seguridad Social y empleo, y ejerce, en su caso, las acciones legales oportunas ante los organismos competentes.

d) Todas son correctas.

15. Serán competencias del Comité de Empresa:

a) Promover como órganos colegiados acciones administrativas o judiciales en el ámbito de sus funciones, conforme a lo establecido en la normativa vigente.

b) Participar, en el marco de la normativa vigente, en la contratación, los procedimientos selectivos, la promoción, los traslados y la elaboración de plantillas.

c) Participar y promover la elaboración de la normativa de desarrollo de estos Estatutos que afecte al Personal laboral de Administración y Servicios.

d) Todas son correctas.

16. El Defensor Universitario:

a) Es el órgano encargado de velar por el respeto a los derechos y las libertades de los profesores, estudiantes y personal de administración y servicios ante las actuaciones de los diferentes órganos y servicios universitarios.

b) Sus actuaciones, siempre dirigidas hacia la mejora de la calidad universitaria en todos sus ámbitos, estarán sometidas a mandato imperativo de cualquier instancia universitaria y vendrán regidas por los principios de independencia y autonomía.

c) No tendrá independencia para solicitar los dictámenes que entienda necesarios.

d) El Defensor/a Universitario podrá ser sometido a expediente disciplinario por razón de las opiniones expresadas o acciones acometidas en el ejercicio de sus funciones.

17. Indica la opción correcta respecto de la elección del Defensor Universitario:

a) Será elegido por el Rector por un periodo de seis años.

b) Las candidaturas deberán ser propuestas, al menos, por 25 claustrales y será elegido quien obtuviese el voto favorable de la mayoría absoluta de los miembros del Claustro.

c) Si ninguno de los candidatos obtuviera la mayoría exigida en primera vuelta, se repetirá la votación entre los cuatro más votados, resultando elegido el candidato que obtenga la mayoría de votos favorables.

d) Todas son correctas.

18. ¿Quién nombra al Defensor Universitario?

a) El Claustro.
b) El Rector.
c) El Consejo de Gobierno.
d) La Comunidad de Madrid.

19. El Defensor Universitario podrá ser cesado:

a) A propuesta de, al menos, el 25 por 100 de los claustrales, siendo necesario para ello el voto de censura de las dos terceras partes de los miembros del Claustro.

b) A propuesta de, al menos, el 30 por 100 de los claustrales, siendo necesario para ello el voto de censura de las dos terceras partes de los miembros del Claustro.

c) A propuesta de, al menos, el 20 por 100 de los claustrales, siendo necesario para ello el voto de censura de las dos quintas partes de los miembros del Claustro.

d) A propuesta de, al menos, el 20 por 100 de los claustrales, siendo necesario para ello el voto de censura de las dos terceras partes de los miembros del Claustro.

20. En relación a las enseñanzas, indica la opción correcta:

a) La implantación y supresión de enseñanzas conducentes a la obtención de títulos universitarios de carácter oficial y validez en todo el territorio nacional, deberán ser autorizadas por la Comunidad de Madrid, bien por propia iniciativa con el acuerdo del Consejo de Gobierno de la UCM, bien por iniciativa de la Universidad mediante propuesta del Consejo de Gobierno, en ambos casos con informe previo favorable del Consejo Social.

b) Deberán obtener la verificación del Consejo de Universidades de que el oportuno plan de estudios se ajusta a las directrices y condiciones establecidas por el Gobierno.

c) El procedimiento deberá preservar la autonomía académica de la Universidad.

d) Todas son correctas.

Solución al test n.º 8

1. d) Título V.

2. b) Al Consejo de Gobierno, previo informe de la Conferencia General de la Política Universitaria.

3. d) Obtener reconocimiento académico por su participación en actividades universitarias culturales, deportivas, de representación estudiantil, solidarias y de cooperación.

4. d) Todas son correctas.

5. c) Sí, si la oferta de plazas lo permite y se cumplen las condiciones que reglamentariamente se establezcan.

6. d) Corresponde al Personal de Administración y Servicios, bajo la dirección de la Gerencia de la Universidad, el ejercicio de las tareas de gestión, administración y prestación de servicios, así como el apoyo, asistencia y asesoramiento a las autoridades académicas y cualesquiera otros procesos de gestión administrativa, económica, técnica y de soporte a la docencia, el estudio y la investigación que se determine necesario para la UCM en el cumplimiento de sus funciones y objetivos.

7. b) Al Consejo de Gobierno, a propuesta del/la Gerente y oídos los órganos de representación del personal y los Centros, en su caso.

8. c) El Consejo de Gobierno a propuesta del Gerente.

9. a) Al Rector.

10. c) La UCM, mediante acuerdo del Consejo de Gobierno, a propuesta del/la Gerente, podrá crear escalas de personal propio de acuerdo con los grupos de titulación exigidos por el Estatuto Básico del Empleado Público que considere necesarias para su buen funcionamiento, sin perjuicio de lo establecido en el artículo 128.

11. d) Título de Técnico Superior.

12. c) Libre designación.

13. d) Someter a un proceso de evaluación objetivo su actividad laboral.

14. b) Informa de todas las sanciones impuestas por faltas muy graves.

15. d) Todas son correctas.

16. a) Es el órgano encargado de velar por el respeto a los derechos y las libertades de los profesores, estudiantes y personal de administración y servicios ante las actuaciones de los diferentes órganos y servicios universitarios.

17. b) Las candidaturas deberán ser propuestas, al menos, por 25 claustrales y será elegido quien obtuviese el voto favorable de la mayoría absoluta de los miembros del Claustro.

18. b) El Rector.

19. d) A propuesta de, al menos, el 20 por 100 de los claustrales, siendo necesario para ello el voto de censura de las dos terceras partes de los miembros del Claustro.

20. d) Todas son correctas.

Ley 31/1995, de 8 de noviembre, de Prevención de Riesgos Laborales: Capítulo I. Objeto, ámbito de aplicación y definiciones. Capítulo II. Política en materia de prevención de riesgos para proteger la seguridad y la salud en el trabajo. Capítulo III. Derechos y Obligaciones. Capítulo V. Consulta y participación de los trabajadores

1. ¿Qué se entiende por "riesgo laboral"?

a) La posibilidad de que un trabajador sufra un determinado daño derivado del trabajo.
b) La posibilidad de que un trabajador sufra una enfermedad en el trabajo.
c) La posibilidad de que un trabajador sufra acoso.
d) El riesgo que supone el ir a trabajar.

2. Indica cuál es la definición de prevención:

a) La probabilidad racional de que un riesgo se materialice de forma inminente.
b) El estudio de los procesos potencialmente peligrosos para el trabajo.
c) Conjunto de actividades o medidas adoptadas o previstas en todas las fases de actividad de la empresa con el fin de evitar o disminuir los riesgos derivados del trabajo.
d) Posibilidad de que un trabajador sufra un determinado daño derivado del trabajo.

3. Según establece el art. 4 de la Ley 31/1995, de 8 de noviembre, de Prevención de Riesgos Laborales, se define como daños derivados del trabajo:

a) La posibilidad de que un trabajador sufra un determinado daño derivado del trabajo.
b) El que resulte probable racionalmente que se materialice en un futuro inmediato y pueda suponer y pueda suponer un daño grave para la salud de los trabajadores.
c) Las enfermedades, patologías o lesiones sufridas con motivo u ocasión del trabajo.
d) Cualquier máquina, aparato, instrumento o instalación utilizada en el trabajo.

4. Definición de «equipo de protección individual» (Ley 31/95):

a) Cualquier equipo que permita realizar el trabajo con seguridad y comodidad.
b) Cualquier equipo de uso exclusivo de un trabajador para su protección y que esté homologado.

c) Cualquier equipo destinado a ser llevado o sujetado por el trabajador para que le proteja de uno o varios riesgos que puedan amenazar su seguridad o su salud en el trabajo.

d) Cualquier equipo a disposición del trabajador para que lo proteja de cualquier amenaza para su salud e integridad física.

5. Señale la respuesta incorrecta:

a) La Ley de Prevención de Riesgos Laborales se aplica a los operativos de Seguridad civil en casos de catástrofe.

b) La Ley de Prevención de Riesgos Laborales se aplica a las sociedades cooperativas.

c) En el ámbito de la relación laboral de carácter especial del servicio del hogar familiar, las personas trabajadoras tienen derecho a una protección eficaz en materia de seguridad y salud en el trabajo.

d) En los establecimientos penitenciarios, se adaptarán a la Ley de Prevención de Riesgos Laborales aquellas actividades cuyas características justifiquen una regulación especial.

6. Para calificar un riesgo desde el punto de vista de su gravedad, se valorarán conjuntamente la severidad del daño y:

a) La probabilidad de que se produzca.

b) La cantidad de trabajadores de la empresa.

c) La existencia o no de equipos individuales de protección.

d) Las condiciones de trabajo.

7. Los procesos, actividades, operaciones, equipos o productos que, en ausencia de medidas preventivas específicas puedan originar riesgos para la seguridad y la salud de los trabajadores que los desarrollan o los utilizan, ¿cómo se denominan?

a) Riesgos excesivamente peligrosos.

b) Riesgos potencialmente peligrosos.

c) Riesgos graves e inminentes.

d) Daños derivados del trabajo.

8. Conforme al artículo 8.3 de la Ley 31/1995, el Instituto Nacional de Seguridad y Salud en el Trabajo actuará en relación con las instituciones de la Unión Europea:

a) Como centro de referencia nacional.

b) Como órgano controlador de la normativa europea.

c) Como centro interpretativo.

d) Como órgano regulativo.

9. Las normas reglamentarias en materia de prevención las dicta:

a) El Gobierno, a través de las correspondientes normas reglamentarias y previa consulta a las organizaciones sindicales y empresariales más representativas.

b) Los Delegados de Prevención.

c) Los Delegados de Prevención y el Empresario.
d) El Empresario.

10. La función de vigilancia y control de la normativa sobre prevención de riesgos laborales corresponde:

a) A la Dirección General de Personal y Desarrollo Profesional.
b) A la Delegación Provincial de Trabajo.
c) A la Inspección de Trabajo y Seguridad Social.
d) Al Servicio de Medicina Preventiva.

11. Entre los principios de la acción preventiva recogidos por el artículo 15 de la Ley de Prevención de Riesgos Laborales, no figura:

a) Evitar los riesgos.
b) Evaluar los riesgos que se puedan evitar.
c) Tener en cuenta la evolución de la técnica.
d) Dar las debidas instrucciones a los trabajadores.

12. En el marco de sus responsabilidades, el empresario realizará la prevención de los riesgos laborales mediante la integración en la empresa de:

a) Los equipos de protección individual.
b) Los Servicios de Prevención propios.
c) La actividad preventiva.
d) La normativa comunitaria.

13. En relación a la vigilancia de la salud que ha de garantizar el empresario, el acceso a la información médica de carácter personal:

a) Se limitará al empresario y a los Servicios de Prevención propios.
b) Se limitará al Jefe inmediato del trabajador.
c) Sólo será accesible al propio trabajador.
d) Se limitará al personal médico y a las autoridades sanitarias que lleven a cabo la vigilancia.

14. Según la Ley de Prevención de Riesgos Laborales, es obligación de los trabajadores en materia de prevención de riesgos:

a) La protección eficaz en materia de seguridad y salud en el trabajo.
b) Utilizar correctamente los medios y equipos de protección facilitados por el empresario, de acuerdo con las instrucciones recibidas de éste.
c) Soportar el coste de las medidas relativas a la seguridad y la salud en el trabajo.
d) Desarrollar una acción permanente de seguimiento de la actividad preventiva.

15. En los casos de concurrencia de trabajadores de varias empresas en un centro de trabajo cuando existe un empresario principal, uno de los deberes de vigilancia por parte de éste, consistirá en:

a) Impulsar la regulación de esquemas organizativos, que eviten los accidentes de trabajo.

b) Comprobar que las empresas contratistas y subcontratistas concurrentes en su centro de trabajo han establecido los necesarios medios de coordinación entre ellas.

c) Asegurar la correcta utilización por parte de los trabajadores de las empresas concurrentes de los correspondientes dispositivos de seguridad disponibles.

d) Asegurarse de que los trabajadores concurrentes disponen de la formación preventiva correspondiente.

16. El art. 21 de la LPRL establece los requisitos y el procedimiento para que los representantes legales de los trabajadores acuerden la paralización de la actividad de los trabajadores que están o puedan estar expuestos a un riesgo grave e inminente si el empresario no adopta las medidas necesarias para garantizar la seguridad y salud de los trabajadores. La medida será adoptada por:

a) Acuerdo por mayoría absoluta de sus miembros. Tal acuerdo será comunicado de inmediato a la empresa y a la autoridad laboral, la cual, en el plazo de 48 horas, anulará o ratificará la paralización acordada.

b) Acuerdo por mayoría de 2/3 de sus miembros. Tal acuerdo será comunicado de inmediato a la empresa y a la autoridad laboral, la cual, en el plazo de 24 horas, anulará o ratificará la paralización acordada.

c) Acuerdo por mayoría de sus miembros. Tal acuerdo será comunicado de inmediato a la empresa y a la autoridad laboral, la cual, en el plazo de 48 horas, anulará o ratificará la paralización acordada.

d) Acuerdo por mayoría de sus miembros. Tal acuerdo será comunicado de inmediato a la empresa y a la autoridad laboral, la cual, en el plazo de 24 horas, anulará o ratificará la paralización acordada.

17. El posible cambio de puesto de trabajo con riesgo para una trabajadora embarazada:

a) Deberá realizarse en caso de imposibilidad de adaptación del propio puesto.

b) Se hará previo informe en tal sentido del Servicio de Prevención.

c) Se determinará por el empresario, y dará información a los representantes de los trabajadores.

d) Se extenderá al período de lactancia.

18. ¿Cuándo se deben utilizar los equipos de protección individual?

a) Siempre.

b) Cuando los riesgos no hayan sido evaluados.

c) Cuando los riesgos no se puedan evitar o no puedan limitarse.

d) Cuando el trabajador lo estime oportuno.

19. Según el artículo 19 de la Ley de Prevención de Riesgos Laborales, la formación teórica y práctica en materia preventiva deberá:

a) Impartirse en horario dentro de la jornada de trabajo.

b) Impartirse por igual en jornada de trabajo y fuera del horario de trabajo.

c) Impartirse, siempre que sea posible, dentro de la jornada de trabajo o, en su defecto, en otras horas, pero con el descuento en aquella del tiempo invertido en la misma.

d) La formación teórica siempre debe ser en horario dentro de la jornada de trabajo y la formación práctica puede impartirse tanto dentro como fuera de la jornada de trabajo.

20. Las trabajadoras embarazadas, ¿tienen derecho a ausentarse del trabajo para la realización de exámenes prenatales y técnicas de preparación al parto?

a) Sí, con derecho a remuneración, previo aviso al empresario y justificación de la necesidad de su realización dentro de la jornada de trabajo.

b) Sí, con derecho a remuneración, sin necesidad de avisar al empresario ni justificar la necesidad de su realización dentro de la jornada de trabajo.

c) Sí, sin derecho a remuneración, previo aviso al empresario y justificación de la necesidad de su realización dentro de la jornada de trabajo.

d) No, en ningún caso.

En MADTEST tienes **más preguntas de este tema**, y todos tus avances quedan registrados y se reflejan en el ranking.

¡Supera tus límites con MADTEST!

Solución al test n.º 9

1. a) La posibilidad de que un trabajador sufra un determinado daño derivado del trabajo.

2. c) Conjunto de actividades o medidas adoptadas o previstas en todas las fases de actividad de la empresa con el fin de evitar o disminuir los riesgos derivados del trabajo.

3. c) Las enfermedades, patologías o lesiones sufridas con motivo u ocasión del trabajo.

4. c) Cualquier equipo destinado a ser llevado o sujetado por el trabajador para que le proteja de uno o varios riesgos que puedan amenazar su seguridad o su salud en el trabajo.

5. a) La Ley de Prevención de Riesgos Laborales se aplica a los operativos de Seguridad civil en casos de catástrofe.

6. a) La probabilidad de que se produzca.

7. b) Riesgos potencialmente peligrosos.

8. a) Como centro de referencia nacional.

9. a) El Gobierno, a través de las correspondientes normas reglamentarias y previa consulta a las organizaciones sindicales y empresariales más representativas.

10. c) A la Inspección de Trabajo y Seguridad Social.

11. b) Evaluar los riesgos que se puedan evitar.

12. c) La actividad preventiva.

13. d) Se limitará al personal médico y a las autoridades sanitarias que lleven a cabo la vigilancia.

14. b) Utilizar correctamente los medios y equipos de protección facilitados por el empresario, de acuerdo con las instrucciones recibidas de éste.

15. b) Comprobar que las empresas contratistas y subcontratistas concurrentes en su centro de trabajo han establecido los necesarios medios de coordinación entre ellas.

16. d) Acuerdo por mayoría de sus miembros. Tal acuerdo será comunicado de inmediato a la empresa y a la autoridad laboral, la cual, en el plazo de 24 horas, anulará o ratificará la paralización acordada.

17. a) Deberá realizarse en caso de imposibilidad de adaptación del propio puesto.

18. c) Cuando los riesgos no se puedan evitar o no puedan limitarse.

19. c) Impartirse, siempre que sea posible, dentro de la jornada de trabajo o, en su defecto, en otras horas, pero con el descuento en aquella del tiempo invertido en la misma.

20. a) Sí, con derecho a remuneración, previo aviso al empresario y justificación de la necesidad de su realización dentro de la jornada de trabajo.

TEST N.º 10

Ley 19/2013, de 9 de diciembre, de transparencia, acceso a la información pública y buen gobierno: Título Preliminar: Objeto. Título I. Transparencia de la actividad pública: Capítulo I: Ámbito subjetivo de aplicación. Capítulo II. Publicidad activa. Capítulo III. Derecho de acceso a la información pública. Título III. El Consejo de Transparencia y Buen Gobierno

1. No es una causa de inadmisión de las solicitudes de acceso a la información pública:

a) Que se refieran a información que esté en curso de elaboración o de publicación general.

b) Que se dirijan a un órgano en cuyo poder no obre la información.

c) Que sean manifiestamente repetitivas.

d) Que se refieran a información para cuya divulgación sea necesaria una acción previa de reelaboración.

2. En el Capítulo I del Título I: "Transparencia de la actividad pública" de la Ley 19/2013, concretamente en el art. 3, se señala que serán objeto de aplicación de las disposiciones las entidades privadas:

a) En cuyo capital social la participación, directa o indirecta, sea superior al 50 por 100.

b) Que perciban durante el período de un año ayudas o subvenciones públicas en una cuantía superior a 100.000 euros o cuando al menos el 40% del total de sus ingresos anuales tengan carácter de ayuda o subvención pública, siempre que alcancen como mínimo la cantidad de 5.000 euros.

c) Con personalidad jurídica propia, vinculadas a cualquiera de las Administraciones Públicas o dependientes de ellas.

d) Que tengan atribuidas funciones de regulación o supervisión de carácter externo sobre un determinado sector o actividad.

3. En virtud del artículo 5.3 de la Ley 19/2013, cuando la información pública contuviera datos especialmente protegidos, la publicidad solo se llevará a cabo:

a) Previa disociación de los mismos.

b) Previo consentimiento de los afectados.

c) De forma personalizada.

d) De forma codificada.

4. En relación con la información institucional, organizativa y de planificación, el artículo 6 de la Ley 19/2013 dispone que:

a) Todos los empleados públicos deberán publicar información relativa a las funciones que desarrollan.

b) Las Administraciones Públicas publicarán los planes y programas anuales y plurianuales en los que se fijen objetivos concretos, así como las actividades, medios y tiempo previsto para su consecución.

c) El grado de cumplimiento y resultados de los planes y programas anuales y plurianuales de las Administraciones Públicas en los que se fijen objetivos concretos deberán ser objeto de evaluación y publicación periódica junto con los indicadores de medida y valoración, en la forma en que se determine por la Administración General del Estado.

d) En el ámbito de la Administración General del Estado corresponde a las secretarías generales la evaluación del cumplimiento de estos planes y programas.

5. Según el artículo 7 de la Ley 19/2013, de 9 de diciembre, de transparencia, acceso a la información pública y buen gobierno, relativo a la información de relevancia jurídica:

a) Las Administraciones Públicas, en el ámbito de sus competencias, publicarán los proyectos de Reglamento cuya iniciativa les corresponda.

b) Las Administraciones Públicas, en el ámbito de sus competencias, no publicarán los proyectos de Reglamento cuya iniciativa les corresponda.

c) Las Administraciones Públicas, en el ámbito de sus competencias, no podrán publicar los Anteproyectos de Ley hasta su aprobación.

d) Las Administraciones Públicas no podrán publicar los proyectos de Decretos Legislativos cuando se soliciten los dictámenes a los órganos consultivos.

6. Conforme al artículo 8 de la Ley 19/2013, de 9 de diciembre, de transparencia, acceso a la información pública y buen gobierno, NO es necesario que los sujetos incluidos en el ámbito de aplicación de su título I deban hacer pública, la siguiente información relativa a los actos de gestión administrativa con repercusión económica o presupuestaria:

a) La relación de los convenios suscritos, con mención de las partes firmantes, su objeto, plazo de duración, modificaciones realizadas, obligados a la realización de las prestaciones y, en su caso, las obligaciones económicas convenidas.

b) Las declaraciones anuales de bienes y actividades de los representantes locales, con especial referencia a los datos relativos a la localización concreta de los bienes inmuebles.

c) Las retribuciones percibidas anualmente por los altos cargos y máximos responsables de las entidades incluidas en el ámbito de la aplicación del citado título I. Igualmente, se harán públicas las indemnizaciones percibidas, en su caso, con ocasión del abandono del cargo.

d) Las resoluciones de autorización o reconocimiento de compatibilidad que afecten a los empleados públicos así como las que autoricen el ejercicio de actividad privada al cese de los altos cargos de la Administración General del Estado o asimilados según la normativa autonómica o local.

7. En virtud del artículo 11 de la Ley 19/2013, de 9 de diciembre, de transparencia, acceso a la información pública y buen gobierno, el Portal de la Transparencia proporcionará información estructurada sobre los documentos y recursos de información con vistas a facilitar la identificación y búsqueda de la información, en base al principio de:

a) Interoperabilidad.
b) Accesibilidad.
c) Reutilización.
d) Disponibilidad.

8. La iniciativa normativa de las Administraciones Públicas debe evitar cargas administrativas innecesarias o accesorias y racionalizar la gestión de los recursos públicos, en aplicación del principio de:

a) Accesibilidad.
b) Eficacia.
c) Simplicidad.
d) Seguridad jurídica.

9. El cumplimiento de las obligaciones derivadas de la Ley 19/2013, de 9 de diciembre, de transparencia, acceso a la información pública y buen gobierno, podrá realizarse utilizando los medios electrónicos puestos a su disposición por la Administración Pública de la que provenga la mayor parte de las ayudas o subvenciones públicas percibidas cuando se trate de entidades sin ánimo de lucro que persigan exclusivamente fines de interés social o cultural y cuyo presupuesto sea inferior a:

a) 50.000 euros.
b) 100.000 euros.
c) 200.000 euros.
d) 250.000 euros.

10. La transparencia de la actividad pública, respecto a la casa de su Majestad el Rey:

a) No se aplica.
b) Se aplica en todas sus actividades.
c) Se aplica en sus actividades sujetas al Derecho Administrativo.
d) Se aplica solo en sus actividades de índole política.

11. Para que se aplique la Ley 19/2013 a sociedades mercantiles, la participación en las mismas de entidades de Derecho Público debe ser superior al:

a) 10 por 100.
b) 20 por 100.
c) 50 por 100.
d) No se aplica en caso alguno dicha ley a este tipo de sociedades.

12. Qué define el artículo 13 de la Ley 19/2013 como, los contenidos o documentos, cualquiera que sea su formato o soporte, que obren en poder de alguno de los sujetos incluidos en el ámbito de aplicación de este título (título I) y que hayan sido elaborados o adquiridos en el ejercicio de sus funciones:

a) La información pública.
b) La publicidad activa.
c) La información de relevancia jurídica.
d) La información general.

13. A menos que el afectado hubiese hecho manifiestamente públicos los datos con anterioridad a que se solicitase el acceso, el acceso únicamente se podrá autorizar en caso de que se contase con el consentimiento expreso y por escrito del afectado, cuando:

a) La información contuviera datos personales que revelen la ideología, afiliación sindical, religión o creencias.
b) La información incluyese datos personales que hagan referencia al origen racial, a la salud o a la vida sexual.
c) La información contuviera datos relativos a la comisión de infracciones penales o administrativas que no conllevasen la amonestación pública al infractor.
d) La información incluyese datos genéticos o biométricos.

14. Si la información pública solicitada incluyese datos personales que hagan referencia a la salud:

a) Solo se concederá el acceso previa ponderación suficientemente razonada del interés público en la divulgación de la información y los derechos de los afectados cuyos datos aparezcan en la información solicitada.
b) Solo podrá autorizarse el acceso al propio afectado o a su representante.
c) Solo se podrá autorizar el acceso en caso de que se cuente con el consentimiento expreso del afectado.
d) Solo se podrá autorizar el acceso en caso de que se cuente con el consentimiento expreso del afectado o si el acceso estuviera amparado por una norma con rango de ley.

15. Según lo previsto en el artículo 18 de la Ley 19/2013, de 9 de diciembre, de transparencia, acceso a la información pública y buen gobierno, se inadmitirán a trámite, mediante resolución motivada, las solicitudes de acceso a la información:

a) Relativas a los intereses económicos y turísticos.

b) Relativas a la garantía de la confidencialidad o el secreto requerido en procesos de toma de decisión.

c) Relativas a información para cuya divulgación sea necesaria una acción previa de reelaboración.

d) Relativas a infraestructuras críticas.

16. Cuando la solicitud de información pública no identifique de forma suficiente la información, se pedirá al solicitante que la concrete en un plazo de:

a) 10 días.

b) 15 días.

c) 20 días.

d) 30 días.

17. En relación a la solicitud de acceso a la información pública, es cierto que:

a) Los solicitantes de información podrán dirigirse a las Administraciones Públicas en cualquiera de las lenguas cooficiales del Estado en el territorio en el que radique la Administración en cuestión.

b) El solicitante está obligado a motivar su solicitud de acceso a la información.

c) El solicitante podrá exponer los motivos por los que solicita la información, en cuyo caso deberán ser tenidos en cuenta cuando se dicte la resolución.

d) La ausencia de motivación será por si sola causa de rechazo de la solicitud.

18. Conforme al artículo 18.1 de la Ley 19/2013, las solicitudes referidas a información que tenga carácter auxiliar o de apoyo como la contenida en notas, borradores, opiniones, resúmenes, comunicaciones e informes internos o entre órganos o entidades administrativas:

a) Están obligadas a indicar el motivo de la solicitud.

b) Se admitirán previa ponderación suficientemente razonada del interés público en la divulgación de la información.

c) Se inadmitirán a trámite, mediante resolución motivada.

d) Se entenderán dotadas de un carácter abusivo no justificado con la finalidad de transparencia de esta Ley.

19. Según el artículo 19.3 de la Ley 19/2013, si la información solicitada pudiera afectar a derechos o intereses de terceros, debidamente identificados, se les concederá un plazo, para que puedan realizar las alegaciones que estimen oportunas, de:

a) Siete días.

b) Diez días.

c) Quince días.
d) Veinte días.

20. La resolución en la que se conceda o deniegue el acceso a información pública deberá notificarse al solicitante y a los terceros afectados que así lo hayan solicitado en el plazo máximo, desde la recepción de la solicitud por el órgano competente para resolver, de:

a) 10 días.
b) 15 días.
c) 20 días.
d) 1 mes.

Solución al test n.º 10

1. b) Que se dirijan a un órgano en cuyo poder no obre la información.

2. b) Que perciban durante el período de un año ayudas o subvenciones públicas en una cuantía superior a 100.000 euros o cuando al menos el 40% del total de sus ingresos anuales tengan carácter de ayuda o subvención pública, siempre que alcancen como mínimo la cantidad de 5.000 euros.

3. a) Previa disociación de los mismos.

4. b) Las Administraciones Públicas publicarán los planes y programas anuales y plurianuales en los que se fijen objetivos concretos, así como las actividades, medios y tiempo previsto para su consecución.

5. a) Las Administraciones Públicas, en el ámbito de sus competencias, publicarán los proyectos de Reglamento cuya iniciativa les corresponda.

6. b) Las declaraciones anuales de bienes y actividades de los representantes locales, con especial referencia a los datos relativos a la localización concreta de los bienes inmuebles.

7. b) Accesibilidad.

8. b) Eficacia.

9. a) 50.000 euros.

10. c) Se aplica en sus actividades sujetas al Derecho Administrativo.

11. c) 50 por 100.

12. a) La información pública.

13. a) La información contuviera datos personales que revelen la ideología, afiliación sindical, religión o creencias.

14. d) Solo se podrá autorizar el acceso en caso de que se cuente con el consentimiento expreso del afectado o si el acceso estuviera amparado por una norma con rango de ley.

15. c) Relativas a información para cuya divulgación sea necesaria una acción previa de reelaboración.

16. a) 10 días.

17. a) Los solicitantes de información podrán dirigirse a las Administraciones Públicas en cualquiera de las lenguas cooficiales del Estado en el territorio en el que radique la Administración en cuestión.

18. c) Se inadmitirán a trámite, mediante resolución motivada.

19. c) Quince días.

20. d) 1 mes.

TEST N.º 11

Ley Orgánica 3/2007, de 22 de marzo, para la igualdad efectiva de mujeres y hombres. Título I. El principio de igualdad y la tutela contra la discriminación. Título II. Políticas públicas para la igualdad. Título V. El principio de igualdad en el empleo público

1. Según el artículo 9.2. de la Constitución, "corresponde a los poderes públicos .... las condiciones para que la libertad y la igualdad del individuo y de los grupos en que se integra sean reales y efectivas; .... los obstáculos que impidan o dificulten su plenitud y .... la participación de todos los ciudadanos en la vida política, económica, cultural y social". ¿Qué tres verbos faltan en la anterior frase?

a) Promover, remover y facilitar.
b) Impulsar, superar y posibilitar.
c) Crear, eliminar y alentar.
d) Facilitar, disminuir y promover.

2. Conforme al artículo 22 de la LO 3/2007, las corporaciones locales, con el fin de avanzar hacia un reparto equitativo de los tiempos entre mujeres y hombres, podrán establecer:

a) Planes Municipales de Empleo con perspectiva de género.
b) Ordenanzas de regulación del tiempo.
c) Ordenanzas o Edictos de representación equilibrada en los tiempos de la ciudad.
d) Planes Municipales de organización del tiempo de la ciudad.

3. Según su artículo 1, la LO 3/2007 tiene por objeto hacer efectivo el derecho de:

a) Conciliación de la vida laboral y familiar de mujeres y hombres.
b) Igualdad de trato y de oportunidades entre mujeres y hombres.
c) Participación en los asuntos públicos en igualdad de condiciones.
d) No discriminación por razón de sexo.

4. Las obligaciones establecidas en la LO 3/2007 son de aplicación:

a) A toda persona, física o jurídica, que se encuentre o actúe en territorio español, cualquiera que fuese su nacionalidad, domicilio o residencia.

b) A todos los ciudadanos españoles, ya sea en territorio español o territorio de cualquier país extranjero.

c) A toda persona, física o jurídica, que se encuentre o actúe en territorio español, con nacionalidad española.

d) A toda persona, física o jurídica, que resida en territorio español, cualquiera que fuese su nacionalidad.

5. La LO 3/2007 entró en vigor el 24 de marzo de 2007, con una excepción que entró en vigor el 31 de diciembre de 2008:

a) Lo previsto en el artículo 19 sobre la obligatoriedad de los proyectos de disposiciones de carácter general de incorporar un informe sobre su impacto por razón de género.

b) Lo previsto en el artículo 44.3., referente al reconocimiento a los padres del derecho a un permiso y una prestación por paternidad.

c) Lo previsto en el artículo 49, sobre la implantación de planes de igualdad en las pequeñas y medianas empresas.

d) Lo previsto en el artículo 71.2., referente a costes relacionados con el embarazo y el parto en contratos de seguros o servicios financieros.

6. Según el artículo 4 de la LO 3/2007, la igualdad de trato y de oportunidades entre mujeres y hombres:

a) Es un deber de las Administraciones Públicas.

b) Es una fuente formal del Derecho.

c) Es un principio informador del ordenamiento jurídico.

d) Es un objetivo fundamental del procedimiento administrativo.

7. Señala la respuesta incorrecta. Según el artículo 3 de la LO 3/2007, el principio de igualdad de trato entre mujeres y hombres supone la ausencia de toda discriminación, directa o indirecta, por razón de sexo, y especialmente, las derivadas de:

a) La maternidad.

b) La tendencia sexual.

c) La asunción de obligaciones familiares.

d) El estado civil.

8. La situación en que se encuentra una persona que sea, haya sido o pudiera ser tratada, en atención a su sexo, de manera menos favorable que otra en situación comparable, se considera:

a) Discriminación directa.

b) Acoso sexual.

c) Discriminación indirecta.
d) Violencia de género.

9. Cualquier comportamiento realizado en función del sexo de una persona, con el propósito o el efecto de atentar contra su dignidad y de crear un entorno intimidatorio, degradante u ofensivo, constituye:

a) Discriminación directa.
b) Acoso sexual.
c) Acoso por razón de sexo.
d) Discriminación indirecta.

10. Los actos y las cláusulas de los negocios jurídicos que constituyan o causen discriminación por razón de sexo se considerarán:

a) Válidos, pero anulables.
b) Nulos y sin efecto.
c) Ilegales.
d) Nulos, pero con efectos.

11. Con el fin de hacer efectivo el derecho constitucional de la igualdad, los Poderes Públicos adoptarán medidas específicas en favor de las mujeres para corregir situaciones patentes de desigualdad de hecho respecto de los hombres. Tales medidas, que serán aplicables en tanto subsistan dichas situaciones, habrán de ser en relación con el objetivo perseguido en cada caso, razonables y:

a) Justificadas.
b) Autorizadas judicialmente.
c) Transparentes.
d) Proporcionadas.

12. El artículo 14 de la LO 3/2007 señala como uno de los criterios generales de actuación de los Poderes Públicos para el cumplimiento de los fines de esta ley, la participación equilibrada de mujeres y hombres en:

a) Los órganos colegiados de organismos públicos.
b) Los órganos directivos de las empresas de más de 250 trabajadores.
c) Los tribunales de selección y de decisión.
d) Las candidaturas electorales y en la toma de decisiones.

13. Según el artículo 15 de la LO 3/2007, el principio de igualdad de trato y oportunidades entre mujeres y hombres informará la actuación de todos los Poderes Públicos, con carácter:

a) General.
b) Transversal.

c) Integral.
d) Global.

14. El artículo 20 de la LO 3/2007 establece una serie de medidas obligatorias a las que se someterán los estudios y estadísticas que elaboren los poderes públicos. ¿Cuál de las siguientes es una de dichas medidas?

a) Excluir sistemáticamente la variable de sexo en las estadísticas, encuestas y recogida de datos que lleven a cabo.
b) Realizar muestras lo suficientemente amplias para evitar que las diversas variables incluidas puedan ser explotadas y analizadas en función de la variable de sexo.
c) Explotar los datos de que disponen de modo que se puedan conocer las diferentes situaciones, condiciones, aspiraciones y necesidades de mujeres y hombres en los diferentes ámbitos de intervención.
d) Establecer e incluir en las operaciones estadísticas nuevos indicadores que posibiliten un mejor conocimiento de las similitudes en los valores, roles, situaciones, condiciones, aspiraciones y necesidades de mujeres y hombres.

15. Conforme al artículo 21 de la LO 3/2007, la Administración General del Estado y las Administraciones de las Comunidades Autónomas cooperarán para integrar el derecho de igualdad entre mujeres y hombres en el ejercicio de sus respectivas competencias y, en especial, en sus actuaciones de:

a) Supervisión.
b) Planificación.
c) Regulación.
d) Dirección.

16. Conforme al artículo 22 de la LO 3/2007, las corporaciones locales, con el fin de avanzar hacia un reparto equitativo de los tiempos entre mujeres y hombres, podrán establecer:

a) Planes Municipales de Empleo con perspectiva de género.
b) Ordenanzas de regulación del tiempo.
c) Ordenanzas o Edictos de representación equilibrada en los tiempos de la ciudad.
d) Planes Municipales de organización del tiempo de la ciudad.

17. Conforme al artículo 26 de la LO 3/2007, los distintos organismos, agencias, entes y demás estructuras de las Administraciones Públicas que de modo directo o indirecto configuren el sistema de gestión cultural, desarrollarán entre otras actuaciones, adoptar iniciativas destinadas a favorecer la promoción específica de las mujeres en la cultura y a combatir su discriminación estructural y/o:

a) Difusa.
b) Generacional.
c) Ambigua.
d) Encubierta.

18. La Disposición Adicional Primera de la LO 3/2007 determina que se entenderá por composición equilibrada la presencia de mujeres y hombres de forma que, en el conjunto al que se refiera, las personas de cada sexo:

a) No superen el 55 % ni sean menos del 45 %.
b) No superen el 70 % ni sean menos del 30 %.
c) No superen el 60 % ni sean menos del 40 %.
d) No superen el 65 % ni sean menos del 35 %.

19. El Capítulo III del Título V de la LO 3/2007 establece una serie de medidas que han de aplicarse obligatoriamente en la Administración General del Estado y en los organismos públicos vinculados o dependientes de ella, para favorecer la igualdad en el empleo público. Entre ellas figura:

a) Siempre que se apruebe la celebración de convocatorias de pruebas selectivas para el acceso al empleo público, sin excepción, se incluirá un informe de impacto de género.
b) En las bases de los concursos para la provisión de puestos de trabajo se computará, a los efectos de valoración del trabajo desarrollado y de los correspondientes méritos, el tiempo que las personas candidatas hayan permanecido en excedencia, reducción de jornada o permisos relacionados con la maternidad.
c) Cuando el período de vacaciones coincida con una incapacidad temporal derivada del embarazo, parto o lactancia natural, o con el permiso de maternidad, o con su ampliación por lactancia, la empleada pública tendrá derecho a disfrutar las vacaciones en fecha distinta, siempre que no haya terminado el año natural al que correspondan.
d) Preferencia por tiempo indefinido, en la adjudicación de plazas para participar en los cursos de formación a quienes se hayan incorporado al servicio activo procedentes del permiso de maternidad o paternidad, o hayan reingresado desde la situación de excedencia por razones de guarda legal y atención a personas mayores dependientes o personas con discapacidad.

20. Según el artículo 60.2. de la LO 3/2007, con el fin de facilitar la promoción profesional de las empleadas públicas y su acceso a puestos directivos en la Administración General del Estado y en los organismos públicos vinculados o dependientes de ella, en las convocatorias de los correspondientes cursos de formación se reservará para su adjudicación a aquellas que reúnan los requisitos establecidos, al menos:

a) Un 40 % de las plazas.
b) Un 50 % de las plazas.
c) Un 60 % de las plazas.
d) Un 75 % de las plazas.

En MADTEST tienes **más preguntas de este tema**, y todos tus avances quedan registrados y se reflejan en el ranking.

¡Supera tus límites con MADTEST!

Solución al test n.º 11

1. a) Promover, remover y facilitar.

2. d) Planes Municipales de organización del tiempo de la ciudad.

3. b) Igualdad de trato y de oportunidades entre mujeres y hombres.

4. a) A toda persona, física o jurídica, que se encuentre o actúe en territorio español, cualquiera que fuese su nacionalidad, domicilio o residencia.

5. d) Lo previsto en el artículo 71.2, referente a costes relacionados con el embarazo y el parto en contratos de seguros o servicios financieros.

6. c) Es un principio informador del ordenamiento jurídico.

7. b) La tendencia sexual.

8. a) Discriminación directa.

9. c) Acoso por razón de sexo.

10. b) Nulos y sin efecto.

11. d) Proporcionadas.

12. d) Las candidaturas electorales y en la toma de decisiones.

13. b) Transversal.

14. c) Explotar los datos de que disponen de modo que se puedan conocer las diferentes situaciones, condiciones, aspiraciones y necesidades de mujeres y hombres en los diferentes ámbitos de intervención.

15. b) Planificación.

16. d) Planes Municipales de organización del tiempo de la ciudad.

17. a) Difusa.

18. c) No superen el 60 % ni sean menos del 40 %.

19. b) En las bases de los concursos para la provisión de puestos de trabajo se computará, a los efectos de valoración del trabajo desarrollado y de los correspondientes méritos, el tiempo que las personas candidatas hayan permanecido en excedencia, reducción de jornada o permisos relacionados con la maternidad.

20. a) Un 40 % de las plazas.

Ley Orgánica 3/2018, de 5 de diciembre, de Protección de Datos Personales y garantía de los derechos digitales. Título I. Disposiciones Generales. Título II. Principios de protección de datos. Título III. Derechos de las personas

1. El artículo 18.1 de la Constitución Española garantiza el derecho al honor, a la intimidad personal y familiar y a:

a) La protección de datos de carácter personal.
b) La confidencialidad.
c) La propia imagen.
d) El secreto profesional.

2. Según el artículo 18.3 de la Constitución Española, se garantiza el secreto de las comunicaciones y, en especial, de las postales, telegráficas y telefónicas:

a) Siempre.
b) Salvo resolución judicial.
c) Excepto en los casos que establezcan las leyes.
d) Salvo consentimiento del interesado.

3. El RGPD señala al determinar cuál es su objeto, que la libre circulación de los datos personales en la Unión:

a) Podrá ser restringida y prohibida por motivos relacionados con la protección de las personas físicas en lo que respecta al tratamiento de datos personales.
b) Podrá ser restringida, pero no prohibida, por motivos relacionados con la protección de las personas físicas en lo que respecta al tratamiento de datos personales.
c) No podrá ser restringida ni prohibida por motivos relacionados con la protección de las personas físicas en lo que respecta al tratamiento de datos personales.
d) No podrá ser restringida, pero sí prohibida, por motivos relacionados con la protección de las personas físicas en lo que respecta al tratamiento de datos personales.

4. El Reglamento General de Protección de Datos se aplica:

a) Únicamente al tratamiento automatizado de datos personales.

b) Únicamente al tratamiento no automatizado de datos personales contenidos o destinados a ser incluidos en un fichero.

c) Únicamente al tratamiento total o parcialmente automatizado de datos personales.

d) Al tratamiento total o parcialmente automatizado de datos personales, así como al tratamiento no automatizado de datos personales contenidos o destinados a ser incluidos en un fichero.

5. El Reglamento General de Protección de Datos se aplica:

a) Al tratamiento de datos personales que no tenga lugar en la Unión Europea en el contexto de las actividades de un establecimiento del responsable o del encargado en la Unión Europea.

b) Al tratamiento de datos personales en el ejercicio de una actividad no comprendida en el ámbito de aplicación del Derecho de la Unión.

c) Al tratamiento de datos personales efectuado por una persona física en el ejercicio de actividades exclusivamente personales o domésticas.

d) Al tratamiento de datos personales por parte de las autoridades competentes con fines de prevención, investigación, detección o enjuiciamiento de infracciones penales, o de ejecución de sanciones penales, incluida la de protección frente a amenazas a la seguridad pública y su prevención.

6. Los datos personales obtenidos a partir de un tratamiento técnico específico, relativos a las características físicas, fisiológicas o conductuales de una persona física que permitan o confirmen la identificación única de dicha persona, como imágenes faciales o datos dactiloscópicos, se denominan:

a) Datos corporales.

b) Datos naturales.

c) Datos genéticos.

d) Datos biométricos.

7. ¿En virtud de qué principio previsto por el Reglamento General de Protección de Datos, los datos personales serán adecuados, pertinentes y limitados a lo necesario en relación con los fines para los que son tratados?

a) Principio de exactitud.

b) Principio de limitación de la finalidad.

c) Principio de responsabilidad proactiva.

d) Principio de minimización de datos.

8. En relación con el consentimiento, el Reglamento General de Protección de Datos dispone que:

a) El consentimiento puede deducirse del silencio o de la inacción de los ciudadanos.

b) Se permite el llamado consentimiento tácito.

c) No es admisible el consentimiento del interesado dado en el contexto de una declaración escrita que también se refiera a otros asuntos.

d) Quienes recopilen datos personales deben ser capaces de demostrar que el afectado les otorgó su consentimiento.

9. Como la consecuencia del derecho que tienen los ciudadanos a solicitar, y obtener de los responsables, que los datos personales sean suprimidos cuando, entre otros casos, estos ya no sean necesarios para la finalidad con la que fueron recogidos, cuando se haya retirado el consentimiento o cuando estos se hayan recogido de forma ilícita, el Reglamento General de Protección de Datos propugna el derecho:

a) Al olvido.
b) De oposición.
c) De rectificación.
d) Al borrado.

10. Según el Reglamento General de Protección de Datos, cuando los datos personales no se hayan obtenido del interesado, el responsable del tratamiento le facilitará, entre otras informaciones, los fines del tratamiento a que se destinan los datos personales, así como la base jurídica del tratamiento. El responsable del tratamiento facilitará la información dentro de un plazo razonable, una vez obtenidos los datos personales, y a más tardar dentro de:

a) 10 días hábiles.
b) 20 días.
c) 1 mes.
d) 3 meses.

11. Según el artículo 5 del Reglamento (UE) 2016/679, de 27 de abril, relativo a la protección de las personas físicas en lo que respecta al tratamiento de datos personales y a la libre circulación de estos datos, los datos personales serán tratados, en relación con el interesado, de manera lícita, leal y:

a) Fiable.
b) Segura.
c) Confidencial.
d) Transparente.

12. Conforme al artículo 3 de la LO 3/2018, las personas vinculadas al fallecido por razones familiares o de hecho así como sus herederos:

a) No podrán dirigirse al responsable o encargado del tratamiento para solicitar el acceso a los datos personales de aquella, si no es por vía judicial.

b) Solo podrán dirigirse al encargado del tratamiento, siempre que sea con objeto de rectificar datos manifiestamente falsos.

c) Podrán dirigirse al responsable o encargado del tratamiento siempre que sea con objeto de solicitar la supresión de los datos personales de aquella sin posibilidad de acceder a ellos.

d) Podrán dirigirse al responsable o encargado del tratamiento al objeto de solicitar el acceso a los datos personales de aquella y, en su caso, su rectificación o supresión.

13. Cuando los plazos se señalen por días en el RGPD o en la LO 3/2018, se entiende que estos:

a) Son naturales.

b) Son hábiles, de lunes a sábado, excluyéndose del cómputo los domingos y los declarados festivos.

c) Son naturales, excluyéndose del cómputo los declarados festivos.

d) Son hábiles, excluyéndose del cómputo los sábados, los domingos y los declarados festivos.

14. En relación con el consentimiento del interesado al tratamiento de datos de carácter personal, es cierto que:

a) En ningún caso se puede obligar a nadie a facilitar sus datos.

b) El consentimiento ha de ser previo a la información sobre el tratamiento.

c) Si se puede consentir libremente, del mismo modo, se puede retirar el consentimiento.

d) La solicitud del consentimiento deberá ir referida a todos los tratamientos que se puedan dar en un plazo determinado.

15. Conforme al RGPD, el interesado tendrá derecho a obtener del responsable del tratamiento la limitación del tratamiento de los datos cuando el responsable ya no necesite los datos personales para los fines del tratamiento, pero el interesado los necesite para:

a) La formulación, el ejercicio o la defensa de reclamaciones.

b) Verificar la exactitud de los mismos.

c) Incorporarlos a sus archivos personales.

d) Proceder él mismo a su destrucción.

16. El derecho a la portabilidad de los datos:

a) Se podrá aplicar a los tratamientos que sean necesarios para el cumplimiento de una misión realizada en interés público o en el ejercicio de poderes públicos conferidos al responsable del tratamiento.

b) A diferencia de otros derechos, podrá afectar negativamente a los derechos y libertades de otros.

c) Supone la obligación de que, en todo caso, los datos personales se transmitan directamente de responsable a responsable.

d) Requiere que el tratamiento se efectúe por medios automatizados.

17. En virtud del derecho de acceso al que se refiere el artículo 15 del Reglamento (UE) 2016/679, del Parlamento Europeo y del Consejo, de 27 de abril, relativo a la protección de las personas físicas en lo que respecta al tratamiento de datos personales y a la libre circulación de estos datos y por el que se deroga la Directiva 95/46/CE:

a) El interesado tendrá derecho a conocer si sus datos de carácter personal están siendo tratados, qué datos son objeto de dicho tratamiento, la finalidad del mismo, el origen de los citados datos y si se han comunicado o se van a comunicar a un tercero.

b) El interesado, previo pago de un canon, tendrá derecho a obtener información sobre sus datos de carácter personal sometidos a tratamiento.

c) El interesado tiene derecho a conocer el nombre y apellidos de las personas que han accedido a sus datos.

d) El interesado tendrá derecho a obtener información de sus datos de carácter personal sometidos a tratamiento, pero no de las comunicaciones que se prevean hacer de ellos.

18. Conforme al RGPD, ¿puede facilitarse la información al interesado de forma verbal?

a) No, en ningún caso.

b) Sí, siempre que lo solicite el interesado.

c) Sí, en cualquier caso siempre que se demuestre la identidad del interesado por otros medios.

d) Sí, cuando lo solicite el interesado y se pueda demostrar su identidad por otros medios.

19. Conforme al RGPD, la información al interesado sobre la base de una solicitud será facilitada por el responsable del tratamiento en el plazo de un mes a partir de la recepción de la solicitud. Teniendo en cuenta la complejidad y el número de solicitudes, dicho plazo será prorrogado:

a) 15 días más.

b) Un mes más.

c) Otros dos meses.

d) Otros tres meses.

20. Señala la respuesta incorrecta. El artículo 15 del RGPD dispone que el interesado tendrá derecho a obtener del responsable del tratamiento confirmación de si se están tratando o no datos personales que le conciernen y, en tal caso, derecho de acceso a los datos personales y a información sobre la existencia de decisiones automatizadas, incluida la elaboración de perfiles, y, al menos en tales casos, información significativa sobre:

a) Los demás interesados afectados por las decisiones.

b) La lógica aplicada.

c) La importancia del tratamiento.

d) Las consecuencias para el interesado previstas de dicho tratamiento.

Solución al test n.º 12

1. c) La propia imagen.

2. b) Salvo resolución judicial.

3. c) No podrá ser restringida ni prohibida por motivos relacionados con la protección de las personas físicas en lo que respecta al tratamiento de datos personales.

4. d) Al tratamiento total o parcialmente automatizado de datos personales, así como al tratamiento no automatizado de datos personales contenidos o destinados a ser incluidos en un fichero.

5. a) Al tratamiento de datos personales que no tenga lugar en la Unión Europea en el contexto de las actividades de un establecimiento del responsable o del encargado en la Unión Europea.

6. d) Datos biométricos.

7. d) Principio de minimización de datos.

8. d) Quienes recopilen datos personales deben ser capaces de demostrar que el afectado les otorgó su consentimiento.

9. a) Al olvido.

10. c) 1 mes.

11. d) Transparente.

12. d) Podrán dirigirse al responsable o encargado del tratamiento al objeto de solicitar el acceso a los datos personales de aquella y, en su caso, su rectificación o supresión.

13. d) Son hábiles, excluyéndose del cómputo los sábados, los domingos y los declarados festivos.

14. c) Si se puede consentir libremente, del mismo modo, se puede retirar el consentimiento.

15. a) La formulación, el ejercicio o la defensa de reclamaciones.

16. d) Requiere que el tratamiento se efectúe por medios automatizados.

17. a) El interesado tendrá derecho a conocer si sus datos de carácter personal están siendo tratados, qué datos son objeto de dicho tratamiento, la finalidad del mismo, el origen de los citados datos y si se han comunicado o se van a comunicar a un tercero.

18. d) Sí, cuando lo solicite el interesado y se pueda demostrar su identidad por otros medios.

19. c) Otros dos meses.

20. a) Los demás interesados afectados por las decisiones.

Cómo acceder al Curso

Escala Auxiliar Administrativa
Test del temario

El uso de los códigos **es exclusivo de los compradores de los productos de Editorial MAD**. Cada producto posee un código único y de un solo uso. Es personal e intransferible y da acceso a servicios y contenidos adicionales. Editorial MAD se reserva el derecho de hacer cuantas comprobaciones sean necesarias para identificar al legítimo poseedor del código y dejar de dar servicio a quien haga uso fraudulento del mismo, además de emprender cuantas acciones legales estime oportunas según la legislación vigente.

Deberás acceder a:

mad.es/registro-campus

Si una vez aceptadas las condiciones de uso del Campus decides hacer uso del mismo, necesitarás del siguiente código de acceso junto con los códigos del resto de títulos que se exigen (si fuera el caso):

P3FHT8NEGC